EC[illegible]改善メソッド

山田孝治
YAMADA TAKAHARU

幻冬舎MC

はじめに

どうしたら自社のＥＣ物流倉庫の管理がうまくいくのか――。

その答えは本書にあります。私は関西地区の物流拠点の一つである東大阪で倉庫業を営み、物流一筋40年になります。品種やロット数などに応じた独自の倉庫管理システムを開発し、帳簿の数字と実在庫に寸分の狂いもない誤出荷ゼロを実現しています。

私はこれまで200社以上の顧客に出会ってきました。そうしたなかで倉庫をはじめとした物流の仕組みをどのように構築してよいかさっぱり分からないと悩む人は少なくありません。コンサルタントや物流業務を自動化するマテハン機器メーカーなどのアドバイスに頼ってしまったまま改善、改革しようとした結果、コストが大きくなってしまったり、外見は大層な機械やソフトであっても、実際に稼働すると物流現場がまったたく楽にならなかったりして、トラブルが解消されないことも珍しくないのです。現場の実態、新しい設備やソフトを導入した効果の検証結果が経営者に報告されないことも多いように思います。

原因を考えると、そもそも経営者をはじめ社員全員が物流倉庫での仕事を、誰にでもできる「倉庫番」、単純な労働作業であると軽視しているからではないかと私は思うのです。

実は私の顧客にも、物流現場から経験を積み重ね、たたき上げで物流部長になった人はいませんでした。逆に、まったく物流や倉庫の現場を知らず、下手をすると現場を訪れたことすらない人が現場の実情もよく見ないまま会議室に集まって物流改善をやろうとしていたり、物流システムの構築をしようとしたりする例が非常に多いということです。

「事件は会議室で起きてるんじゃない、現場で起きてるんだ」というかつての人気ドラマのセリフが思い起こされるような光景です。

本書を手に取ったあなたが経営者であれば、自社の倉庫管理の解決法は簡単に見つけることができます。まずは、あなたの会社にいる最も優秀な社員を最低2年間、物流の現場に従事させてみることです。さらにEC物流の専門的な知識がある有能なシステムエンジニア（SE）をスタッフにつけ、属人的ではなく、カスタマイズされた完璧なオペレーションを実現することでトラブルが発生しない倉庫管理の仕組みが出来上がります。

しかし、いつまで経っても倉庫管理のトラブルが絶えない会社の実態を見ると、これとは逆のことが行われています。ほとんどの場合、限られた有能な人材は営業、企画、仕入れなどの部署に投入され、物流現場の人材配置はさほど重要視されていないのではないかと思います。さらにＳＥを外部業者に任せ、物流知識に乏しい人を充てているケースが多いのが現状です。

さらに、入庫してから出庫までの一連のオペレーションは決してお仕着せのＷＭＳ（倉庫管理システム）ではできません。独自の物流システムの構築は徹底的にカスタマイズしたオンリーワンでこだわりのシステムをつくっておく必要があり、すべての会社ごとに正解が異なることもぜひ理解してもらいたいと思います。

つまり、自宅を注文住宅の自由設計で細部までこだわって建てたいというのであれば、住む人全員の希望を反映したプランを実現できる優秀な設計士と、現場経験豊富で確かな技術をもつ大工の協力が不可欠であるのと同じです。本書ではそういったことを詳しく解説していきたいと思っています。

本書を手に取って倉庫現場に興味をもった、特に経営者の皆さんに私が望むのは、まずは自らの会社の倉庫を見に行って、現場がどのような作業フローになっているかをつぶさに確かめてほしいということです。倉庫現場に足を運び、どんな問題が起こっているのかをつかむことが何よりも大事であり、すべてはそこから始まります。

EC物流改善メソッド　目次

［第2章］ なぜ倉庫管理がうまくいかないのか……

現場を知らずにムダを生み出す〝素人〟の経営者と倉庫担当者

［第1章］

EC物流の普及により、変化している倉庫の姿

巨大化、自動化……乱立する〝過剰スペック〟な倉庫

物流や倉庫のあり方は、ＥＣの普及により大きく変わってきました。BtoC（企業と消費者間の取引）ＥＣからさらに進んで、今では自ら企画製造した品をどこの店舗も介さずに自社のＥＣサイトで直接顧客に販売するＥＣへの流れも強まっています。ビジネスの規模が拡大するにつれて、倉庫も必要になります。

もちろんＥＣ需要が拡大しているため、巨大倉庫が必要という理屈が成立しますが、現在盛んに建設されているオーバースペックな倉庫はBtoBとは違い、ＥＣには向いていないと感じています。

今、次々に建てられている巨大倉庫のワンフロアは、軒並み高さが少なくとも6メートル以上あります。しかもすごく頑丈な構造の倉庫です。しかし、ＥＣでは3分の2以上の倉庫スペースがムダになってしまいます。

なぜならBtoCつまり一般消費者向けとBtoBの企業向けでは、倉庫から物流に至る

までのすべてに決定的な違いがあるからです。違いを一言で表すなら「単品とロット」です。少し専門的に表現するなら、1ピースを１００の納品先に配送するのと、１００ピースを一つの納品先に配送する物流の違いです。

つまりBtoBであれば、仮に倉庫の高さが６メートルあってもリフトを使ってパレットで出し入れするため問題ありません。ところが消費者向けのＥＣとなると、1ユーザーに対してきめ細かく対応して商品を送らなければなりません。扱う単位、管理する対象が単品になるため、必ず棚に商品が格納されており、そこから1品だけを正確にピッキングする必要があります。この作業は人にしかできません。２メートルほどの高さにしか商品を積み上げられず、残る４メートルはデッドスペースになってしまいます。また、冷暖房が効きにくいデメリットもあります。耐荷重性能についても、BtoB用では1平方メートルあたり数トンに達するといいます。これもBtoCのＥＣにとっては過剰なスペックといえます。このように、現在次々に建設されている倉庫の多くがＥＣ物流には適しているとは言い難い印象です。それなのに、多くの会社がいまだに巨大な倉庫への設備投資を続けています。しかもその数は増加の一途をたどっているのです。

物流施設への投資の〝主役〟は誰か

増加傾向にある倉庫の設備投資において、主役は倉庫業者や物流業者ではなく、物流施設投資に特化した歴史的な低金利に注目した物流不動産ファンドや、物流ＲＥＩＴです。オフィスビルのように立地を選ぶこともなく、安定した収入が見込めることや物流不動産市場の成長が期待できることなどを理由に、近年は物流不動産への投資が活発な動きを見せています。こうした背景もあって「ＥＣ需要の高まりによって倉庫が次々に増えている……」といった内容が報道されています。しかし、果たして需要にマッチした倉庫はどれだけあるのか、またはは物流不動産バブルともいえるこの状況がいつはじけてしまうのか心配です。

【図表1】　発注者別の倉庫・物流施設建設工事受注額の推移

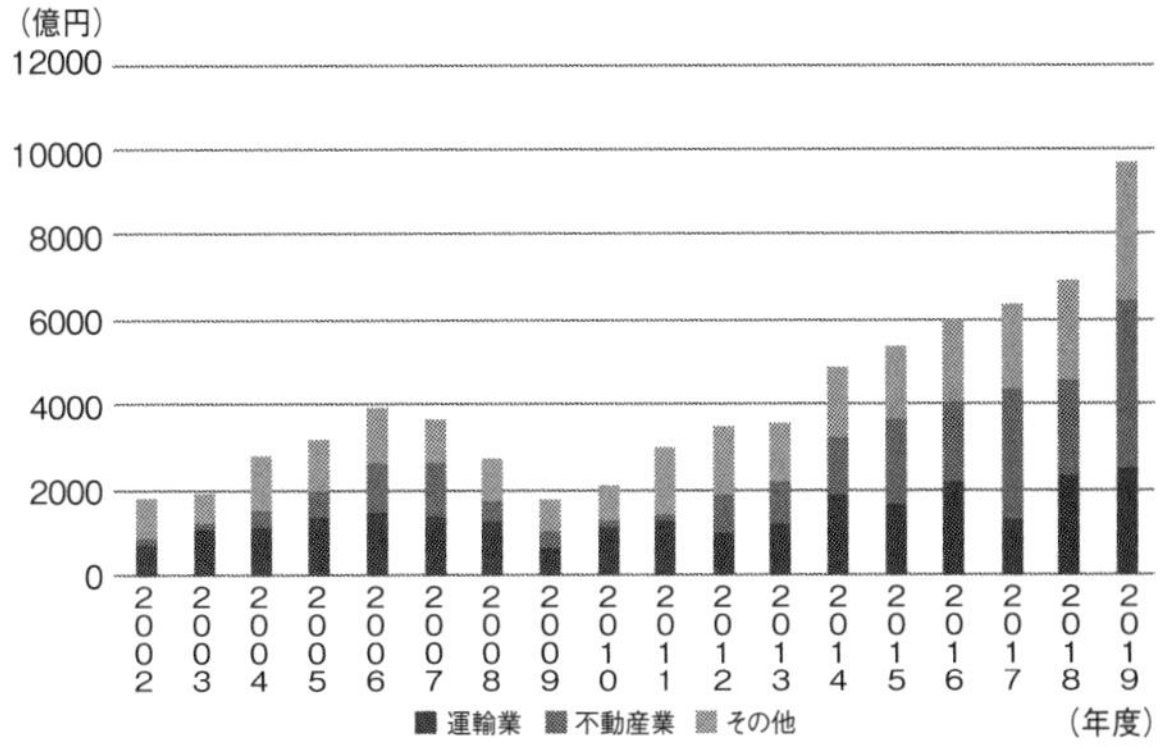

出典：国土交通省「建設工事受注動態統計調査（大手 50 社調査）」（2020 年）
※運輸業：倉庫業、道路貨物運送業、鉄道業、水運業、航空運輸業など
※その他：主に製造業、卸売業、小売業

にもかかわらず、ＥＣの発展に伴うように、２０１０年頃から全国でこのような巨大倉庫が多くつくられるようになり、開設する巨大倉庫は右肩上がりで増えてきました。このような現状を前に、最新式の倉庫を借りて、高い家賃を払い続ける事業者側は果たして採算が合うのかという点が私は気掛かりです。

BtoBとECでは内容が全然違う

インターネット通販を中心にECが目覚ましい伸長を続けています。スマートフォンが急速に普及し、ネットで大容量の高速通信ができるモバイル化が進んできました。2020年春以降の新型コロナウイルス感染拡大によって、商取引でも感染リスクを減らすために実店舗よりも対面なしで購入販売ができる、いわゆる巣ごもり需要が高まって多くの企業がECサイトへのシフトを加速してきたのです。

物流倉庫では今も、いわゆるBtoBの企業間取引が主流です。一方で急速に普及してきているのが一般消費者からの注文に直接応じるECの取引で、同じ倉庫でもまったく異質なものです。すなわち、BtoBの倉庫の現場であれば、ある程度まとまったロット単位で扱われるので、倉庫内ではパレットに載せて運搬・出荷がされます。そのため、施設が巨大でも隅々まで自動化もできました。しかし、BtoCの倉庫となると扱う商品はロット単位ではなく、個人顧客向けの1個単位の細かい数なので、商品管理が非常に重要になります。さらにはDirect to ConsumerのDtoCの市場も広がってきています。
ＥＣの代表格といえるのがAmazonです。１９９５年創業で2年後にアメリカの新興株式市場のナスダックに上場し、２０００年に日本進出を果たしました。２０２１年度の日本での売上は２兆５０００億円、グループ全体では日本円で30兆円超となっています。

ＥＣへの関心が高まり、一般消費者向けのＥＣに参入する企業があとを絶たない理由として、一般消費者向けの製品を扱うのであれば、今の時代にネットで販売しない手はないからだということが挙げられます。企業の立場から見ると良い製品さえ出していれば、インターネット上のアピール次第でどんどん売れていく時代なのです。買った人から、これがすごく良かった、といった投稿がInstagramやTwitterなどのＳＮＳに上がって、あっという間にバズって、つまり大きな反響が広がって流行に火が付くことも少なくありません。

ネットで売ることだけで十分に採算が取れるようになれば、もはや人手と経費が掛かる店舗を維持して、数多くの商品の在庫を抱えてオペレーションを取っていく必要もなくなります。従来は自社だけで販売網を構築できなかったメーカーも、それまでのように卸売業者や問屋、そしてその先の店舗へと流通コストを掛けてまで、店舗に商品を並べてもらう必要もなくなります。

一方でBtoCであるがゆえに、倉庫にとってみれば1億個分の1のミスであっても、顧客にとってはいわば一期一会の大切な品であるため、トラブルが起これば信用を一気に失う結果につながります。一度でも発送ミスが起これば致命的です。

また、個人の一般消費者に商品を届けていきますので、個々の物量は少なく配送先が多岐にわたります。お歳暮やお中元、母の日やクリスマスなど季節ごとのプレゼントや誕生日などのためのギフト仕様などのラッピング対応も多くなるなど、荷主から求められるオペレーションもこれまで以上に多様な対応が必要になります。このようにEC物流の急激な発展によって、倉庫の形も大きく変貌してきているのです。

Amazonや楽天、Yahoo!などを介さずに自社で企画・製造した商品を直接販売するというビジネスモデルがDtoCです。メーカーが自社ＥＣサイトを開設し、自社で物流まで手配して消費者へ届けることによって、流通コストを最小限に抑えられるので利益率が高くなり、その分、販売価格も抑えることができます。消費者にとっても大幅なコスト削減が期待できますし、良い品を安く買えることにもつながります。DtoCは現状まだ一部にとどまっていますが、今後さらにDtoCを推進する流れが強まっていくのかどうか、私は注目しています。

さらにDtoCのメリットは、エンドユーザーと直接コミュニケーションできる点にあります。例えば商品を届けるパッケージにちょっとしたメッセージを入れたり、リピートしてくれた顧客にはなんらかのサービスをしたりすれば、顧客との良好な関係を築けます。逆に顧客の声もダイレクトに届きます。寄せられた要望は、次の商品開発のための貴重なアドバイスとなります。

そのためDtoCビジネス開設に必要なのは、まず優れた商品です。そしてきめ細かいサービスとスムーズな物流も重要です。梱包も丁寧で、返品リクエストにもスムーズに対応してくれれば、エンドユーザーは事業者の大小はあまり気にしません。つまりたとえ個人事業主でも、そして手作りの商品だったとしても消費者のニーズを満たしていればDtoCビジネスで販売できるのです。

BtoCでは多くの人手が必要となる

私の住む関西でも大都市近郊に大型の物流拠点が相次いでオープンしています。私自身も長年倉庫業界で働いている一人として、施設の稼働によってどんな形で物流が展開していくのか探るうえでも興味深く、施設の見学会などがあれば、できるだけ出向いて自分の目で実際の施設を確かめるようにしています。

2022年に関西の郊外にオープンした、あるBtoCの巨大倉庫は最新鋭のロボットテクノロジーを取り入れていました。ロボットが商品棚を持ち上げて働く人のところまで移動することによって在庫商品の保管や注文に応じ、商品をピッキングする時間を削減していました。

一方で、動く棚など最先端設備を導入したとしても、例えば棚に入れるのに適さない大型商品があったり、入荷して即出荷しないといけない品であっても一度、棚入れしたりすることがあり、結局は入力する作業が必要になります。

私が見学したいくつかの巨大倉庫のうちの一つでは、車椅子でも利用しやすい施設のカフェテリアがあり、毎日リーズナブルな価格で温かい食事を出しています。毎食後には箸を使い、食事の５段階評価ができる仕組みを取り入れるなど、多方面から働きやすさの確保に力を入れています。ターミナル駅からの通勤用に専用バスも定時運行し、バス停からエントランスに向かう動線は屋根付きで従業員専用の巨大なエスカレーターまであり、悪天候でもほとんど問題なく常に快適な環境が整っています。

施設は24時間稼働していて、労働はいくつかに区切ったシフト勤務です。アルバイト、パートさんの時給は１３００円程度から深夜であれば１９００円近くに設定されており、周辺の相場から考えても決して悪くないレベルです。それだけ大型のBtoCの倉庫が多くの人材を必要としていることを意味します。

BtoCのECを展開するのであれば、まず人材確保が大きなカギです。働き手として期待されているのは、比較的集めやすく、しかも働き手として優秀とされる、育児が落ちついた30～40代ぐらいまでの主婦層です。

そうした主婦層が多く働いているのが、いわゆるショッピングモールです。大手流通企業によるショッピングモールは、買い物客の利便性を考えて基本的に交通の便の良いところにつくられます。つまり働く人にとっても通勤しやすい場所です。

働き手となる主婦の身になれば、交通の便が良いうえに仕事帰りに買い物もできる場所と、通勤さえも不便な土地にある物流センターのどちらが魅力的かは火を見るよりも明らかです。

そのため倉庫業を営む企業のなかには、あえて土地がそれほど広くなくとも、土地代が割高になるとしても、交通の便の良い場所での立地を選ぶところがあります。それだけのコストを掛けたとしても、その倉庫がＥＣを手掛けるのであれば、トータルでの採算性は合ってくる可能性が高いからです。都市部に近い立地は、学生アルバイトも集められるなど、人件費を抑えられる可能性もあるため、経営戦略としては得策といえます。結局のところ、郊外に大型倉庫を建設した場合は人員確保のため賃金を高く設定せざるを得ず、本来コストを抑えるための立地であったはずなのに本末転倒になってしまうのです。

実情を理解しないまま設置を決めている現状

人里離れた郊外に大型のBtoCの倉庫を建設してしまっている例が散見されるのは、施設に関わったファンドや商社の担当者がBtoC倉庫物流の現場の実情を理解しないまま設置を決めているということを自ずから示しています。それだけ現場を知らない人がプレーヤーになってしまっている実態を反映していると私は懸念しています。

顧客は「明日来る」を本当に求めているのか

ＥＣを巡って、誤解されがちなのが納期です。ネット通販ではとにかく早く納品しなければならない、理想は注文当日の配達で、それが無理なら明日でなければならないなどと思われています。

仕事に必要なものであれば、確かにすぐに届けてほしいし、明日来るのはとてもありがたいと感じるはずです。実際、アスクルも当初はBtoBを対象としていました。あるいはＦＡや金型部品、工具などを扱うミスミが最短納品をアピールしていました。

その一方で個人がネット通販で注文する際、必ず明日届かなければ困る、といったケースはほとんどないように思います。一部、急ぎのものがあったとしても、基本的には納期が後ろであっても料金が安いことに需要があります。実際、アスクルでは２０２２年８月から日用品のＥＣサイトで標準よりも遅い配達日を指定した人にポイントを付与する実証実験をしたところ、半数ものユーザーが後日の配送を選んでいます。

女性から人気を集めているＥＣモールQoo10（キューテン）は化粧品などのコスメ系商品やファッションアイテム、さらには家電製品や食品などを扱っています。アメリカに本拠をおくeBayが展開しており、メガ割という年４回のセール期間であれば大手化粧品会社の有名商品であっても定価の2割引で購入ができます。もちろん買った品は翌日発送ではありません。

女性からすれば、毎日使うコスメがいつなくなるかはある程度予想がつきます。あらかじめ早めに注文しておけば困ることもないので、通常より納期が遅くてもまったく問題ないのです。

化粧品サイトでは日本で最大を売りにしている@cosme（アットコスメ）もよく知られています。圧倒的な品ぞろえと、豊富な口コミにより、ユーザーのリアルな声を頼りに商品を探すのに便利ですので、利用者が多くいます。価格で比較をするとQoo10のほうが明らかに安いので、商品探しは@cosmeを利用し、欲しいものが見つかればQoo10で注文するというのがＥＣに対する顧客の行動パターンです。

ほかにも物流業界に対する不思議はあります。トヨタのキャッチコピーでも有名な「ジャストインタイム」という考え方です。本来の意味は「必要なものを、必要なときに、必要な分だけをそろえる」ということなのですが、私にはこれが消費者にとってのジャストインタイムになっているとは思えません。それは企業側のコスト削減と効率化のための手段に過ぎないのです。

実は本当のジャストインタイムを学ぶべき対象はトヨタではなく、ジャストインタイムを強いられて苦労している下請けなどの関連企業にあるかもしれません。

下請け企業はいつ発注を受けても供給できるように過剰なストックを常にもっています。仮に最後はゴミになったとしても、トータルで見たら少しでも利益が出ているからＯＫというのが実態ではないかと想像しています。

少し話がそれますが、ヒットすると怖いという側面もあります。30年前、シルクのパジャマがはやり、ある業者は仕入れ単位を１００から１０００、２０００と次々に増やしていきました。

一時は順調そのもので左うちわですが、ヒット商品にありがちな在庫管理の落とし穴が、ある日注文がゼロになってしまうということです。その企業は結局大変な在庫を抱えて倒産しました。このように、いつでも発送できるジャストインタイムの体制はリスクを抱えていることも忘れてはいけないと思います。昨今のＥＣトレンドは、今日注文したら明日には届くというサービスを強く打ち出しがちです。

しかし、私は物流にジャストインタイムを求めるのであれば、注文に関する情報もジャストインタイムで共有されなければならないと考えています。注文した翌日には商品が届くというサービスの物流実態を見てみると、ＥＣサイトが注文を受付業者に連絡し、倉庫担当者に「今日中に○○を○個発送」と指示が入ります。このとき、今日中の発送か、明日中の発送かでは天地の違いがあるのです。

より具体的にいうと、物流業者側は1日の猶予があれば十分な段取りが可能になります。現状は、1日でも早く発送するためにこれまでの経験と勘でムダなパートさんを入れているか、もしくは残業させるしかなくコストが割高になっています。これが1日の猶予があるだけで、明日必要な人数も計算できムダのないシフトが組めるようになります。

とかく今の物流業界はスピードが重視され過ぎているのです。消費者からすれば本来、明後日でもいいはずのものを、早く届くならそれがいいか程度の感覚も少なからずあると思います。また、業者側からしても、明日でも明後日でも売上は変わらないのです。ただ競合の1社がやり始めたら、全員が右へ倣えでやってしまっているという日本社会の悪しき風潮が、物流業界にも影を落としています。

また、倉庫業、運送業にはびこる下請け体質も少なからず影響していると思います。本来、客にとってみるとスピードだけでなく、品質やコストも大事なはずです。実際、本当に欲しい良質な商品であれば明日届かなくても1日や2日は待つのではないでしょうか。

中小の倉庫を狙って借りている人は目のつけどころがいい

読者に聞いてみたいことがあります。あなたがECショップでお気に入りの商品を購入するとき、どんな倉庫から届くのか気になりますか。そんな人はいないはずです。お気に入りの品をECショップで見つけて購入しようという人にとっては、商品が傷みのない美品の状態で納期どおりに手元に届くかどうかこそが最大の関心事であって、扱っている倉庫が新しいかどうかとか、倉庫がきれいで規模が大きいかどうかなどはまったく気になりません。

例えば倉庫を借りて新規参入したい人にとってみれば、倉庫規模が大きく新しければいいのではありません。施設は必要最小限のサイズでいいし、たとえ賃料の安い中古であっても、配送にまつわる誤出荷などのトラブルさえ起こさない態勢でミスがないかどうかこそ肝心になってくるのです。

大阪には松下電器産業（現パナソニック）や三洋電機といった多くの家電メーカーが

あり、こうしたメーカーの製品や部品を扱う倉庫がたくさんつくられました。なかでも私の会社のある東大阪は、特に機械金属関連工業が集積し、工場の多い地域に沿って幹線道路や高速道路が整備され、倉庫・運輸などの物流業者も多く集まっています。

私の会社は１９６８年に三洋電機の下請け会社として設立され、社名も三洋電機の協力会社であることを略して三協としてスタートしたのです。メーカーから電子部品を預かり海外へ向けて発送する、つまりBtoBの物流を担ってきました。

そうした家電メーカーを顧客とする倉庫会社が、主要クライアントである家電メーカーがダメになると廃業したのかといえば、実態は真逆なのです。私から見れば、むしろ中小のちょっと古い倉庫を借りようと狙ってくる人は、なかなか目のつけどころがいいなと思います。私たちのような倉庫の人気は底堅く、少なくとも私の知る限りまわりの倉庫にも空きはありません。

近くにある倉庫はいずれも、そのほとんどが築40年を超えているため、外観はそれ相応に汚れてきています。それこそはやりのピカピカの巨大倉庫と比べればたいていの方が汚いと感じると思います。

では、いったいどんな企業がそんな倉庫を使っているのかというと、実は多くが上場しているような大手企業です。倉庫から出荷された商品を手にする消費者のなかに、その商品がどんな倉庫から送られてきたかを気にする人はまったくいません。そもそも倉庫から運ばれてきたとさえ思わないはずです。分かりやすい例でいえば、普段飲んでいるペットボトル飲料の品質が担保されているのであれば、古い倉庫から出荷されたからという理由で飲まない人はいないと思います。

つまり倉庫の担当者ができるだけコストを抑え、ミスのない入出荷を日頃から行っていることが最も重要なのです。一流企業が古い倉庫を使い続ける理由としては、何よりもまずコストを抑えられる点にあります。しかも付き合いの長い倉庫であれば、そこで働く人たちが、自社の商品をよく分かってくれています。

こうした倉庫で働いている人の多くはパートさんの女性たちです。彼女たちが経験を重ねることで、最強の戦力になるのです。

ロボットを動かすために必要なプログラムを組む必要はなく、日本語で話しかければ用件を理解して動いてくれます。ベテランのパートさんならわざわざ指令を出さなくても動いてくれるのです。

利に聡《さと》い一流企業が、こんな優れた倉庫を手放すはずがありません。だからこそ少々外観がみすぼらしくなったとしても、皆がこぞって古い倉庫を使っているのです。

倉庫の「新しい」「古い」は消費者には関係ない話です。それでもなぜ、大手企業がこぞって最新の倉庫を建てるかといえば、さまざまな理由があるとは思いますが、経営者がうれしいという至って単純な理由も含まれていると思います。倉庫を建てることでコストは上がりますが、豊富な資金力をもつ大企業にとっては大した影響はありません。しかし、季節変動が大きい商品を取り扱う企業が自社倉庫をもつとなると、ムラとムダが大きくなるのは事実です。ＥＣ物流となると、月々の保管に関するコストの割合は低くなりますが、ネットの知識や運営、オペレーションなどのソリューションの部分が大きくなり、総体的に見たときのメリットが大きくないのです。

その一方で、賢い企業が独占している古い倉庫はどこも埋まっていて空きがなく、仮に空きが出たとしても一瞬で埋まってしまうのが現状です。一見すると良さそうな最新のシステムを導入した巨大倉庫はコストが高くついており、ひっそりとたたずむ古い倉庫が利益を生み出している――。このような不思議が物流業界の常識なのです。

column

検査済証の発行を受けていない建物は営業倉庫として認められない不思議

昭和から平成の初めにかけて建設され稼働してきた倉庫には、建築確認済証はあるものの、「完了検査済証」がないものが多く存在します。この完了検査済証とは、工事完了後に建築確認申請と同じ建物が建っているか検査し、問題ないと判定された物件に自治体から交付される書類です。

例えばつい最近、私の同業者が築40年ほどの倉庫を取り壊し、建て替えを行いました。検査済証こそないものの、倉庫としての機能面はなんら問題なく、まだまだ十分に使用できるものでした。しかし取引先のなかにはコンプライアンスの観点から検査済証の有無を気にする企業もありますので、それを考慮してやむを得ず取り壊す判断に至ったのではないかと思われます。

そもそも営業倉庫の許可は業者ごとではなく、倉庫一つひとつに対して各自治体から発行されているものです。証明書自体の取得は簡単にできるものの、建築直後に検査済証の発行を受けていない物件にはさかのぼって発行することができないという、なんともお役所的というか、不思議な決まりなのです。

倉庫としてはまだ十分使える状態であるのに、こんな理由だけで取り壊しや建て直しを余儀なくされている物件が少なくないのだという事実は、もったいない限りだとため息が出てしまいます。また、地方税の一つに事業所税というものがあります。大きな事業所となると、ゴミの処理や上下水道の完備、周辺の道路の改造といった交通対策などの行政サービスが必要になるため、課税が発生します。営業倉庫であれば特例で控除が認められるので、営業倉庫に登録していれば減税になるメリットもあります。

事業所税は市区町村が一定規模の事業者に対する地方税なので、事業所税を課すかどうかは市町村によって異なります。大阪府内では大阪市、堺市、豊中市、吹田市、高槻市、枚方市、守口市、東大阪市の8市だけに限られているので注意が必要です。

［第2章］

なぜ倉庫管理がうまくいかないのか……
現場を知らずにムダを生み出す
〝素人〟の経営者と倉庫担当者

優秀な新人社員を倉庫で2年間働かせてみればいい

例えば、アパレルの一流企業に入った有望な新人に入社直後に「明日から物流・倉庫担当です」と告げるケースはほとんどないと思います。なぜ私がこんなことを切り出すかといえば、上手に倉庫管理をしていく秘訣はただ一つだからです。その新人が優秀な人材だと思うのであれば、少なくとも2年間、倉庫の現場で働かせてみるとよいのです。

倉庫はいわば、その会社を映す鏡です。自社の倉庫で働くことで、扱う商品がどのようにしてユーザーの手元に届くのかを学び、会社が何を考えて製造・販売を行っているかを認識できます。さらに自社の商品と自らの仕事に対する誇りと愛情を感じられるようになるのです。

社員の意識が改善されることで倉庫管理も改善されていきます。そして完璧なオペレーションが確立することで、会社の業務フローも改善され、経営全体の改善にもつながります。何より優秀な得難い人材を育て上げることができるのです。

自社の倉庫の実情を知らない経営者と担当者は世に多い

一方で各企業の実態を見ると、優秀な人材は倉庫現場で働かせずに、デザインや企画、販売などに配置しているように思います。ここで経営者に私が尋ねたいのは、端的にいって、あなたは倉庫の大切さを認識していないのではありませんか、ということです。

具体的には、自社の倉庫担当者を知っているのか、どんな人物か、そして経営者自身は年何回倉庫を訪れているのかといったことを聞けば、その経営者が倉庫の実情をちゃんとつかんでいるかどうかは判断できます。

世の中には、倉庫担当の仕事を蔑視するような言い回しをする人も見かけます。もしかしたら、経営者自身が倉庫の意義を軽視してしまっているのではあるまいかと、私たちはなんともいえない、やるせない気持ちになることもあるほどです。実際にこういった経営者は少なくないように思うのです。

このような、現場を知らない、いわば素人が大切な人材とカネを軽視してしまったことで知らないうちに損が生み出されているのです。

根底には、倉庫業は設備レンタル業だという認識があるのだと思います。少品種・小ロットのBtoBであれば確かに設備レンタル業の要素は大いにあるため、間違いではありません。しかし、BtoCではそうではなく、いかに業務フローなどの仕組みを整理し、万全なオペレーションを設計するかというソリューションの要素がとても大きく、だからこそ優秀な人材が必要なのです。

ここまでの話で少しでも心当たりのある経営者がどうすればいいのかというと、いちばん効果的なのが、抜き打ちで現場の倉庫に行ってみて自らの目でよく観察することです。その結果、何も気になることがなければ問題ありません。

抜き打ち視察の際に必ず話を聞いておくべきキーパーソンは現場トップと現場で働

いておられるパートさんであり、なかでも特に力を入れて聞くべき相手はパートさんです。

「ピッキングの指示が来たときに、必ずそこにモノがありますか？」「なくて探していませんか？」「システムがちゃんと動いていますか？」

そう尋ねれば、パートさんの回答の内容でおおよその実態は把握できます。現場の倉庫で掃除が行き届いているか、未整理の物品がないかなども見ておくべきです。整理整頓ができていない倉庫は、当然ながらトラブルが頻発しているのではないでしょうか。さらに、倉庫に入った瞬間に従業員のあいさつができているか、服装がちゃんとしているか、荷物が真っ直ぐに並んでいるかを確認することも重要なポイントです。

また、倉庫管理をアウトソーシングする場合は、その会社の倉庫案内冊子を1部もらって、その場でいきなり1カ所、見学に行ってみることです。視察の時期としては繁忙期がベストです。返品を放置したり、倉庫内に不自然な山ができたりしていないか、棚入れしていない入荷の山ができたりしていないか、といった点を意識して見学してみることが大切です。

倉庫担当の仕事は一生懸命やればそこそこの結果にはなるかと思います。しかし本当に必要なのはひたむきさと熱意だけでなく、創意工夫の意識です。どうしたらもっとうまくいくのかを考え抜き、現状の業務フローを何度も見直すことが大事なのです。

もちろん、多岐にわたる知識も求められます。例えば段ボールで考えてみると、まずメーカーとの交渉があります。自社で使っている段ボールの種類や性能を比較検討するのです。材質、大きさ、価格、種類を見直してみることも改善への大きな一歩です。現状のフローを整理して問題点を洗い出すことであり、自分がやってみて面倒だと思った点が見つかれば、それが改善すべきポイントです。

極端にいえば、まったくの素人の自分の親や配偶者でも簡単に覚えることができるような、誰でも実践できるオペレーションになっていることが大事なのです。

実際、街の多くのコンビニエンスストアの商品陳列では、どこに何を置くかはあらかじめ決まっており、まったくの素人が店員に加わっても、いきなり働けるようにオペレーションが完璧にできています。要はそうした、誰でもすぐできるような形に業務フローを整理して、システムとしてのオペレーションを完璧に確立しておくことこそが肝心です。

自社倉庫を建てる経営者の共通点

自社で倉庫を建てる経営者によく見られる傾向が2つあります。1つは経営上手な人が多いことです。そういう会社は業績そのものはかなり良く、経営者は倉庫も自社でもてばよいのではないかと考える傾向があります。もちろんこのように考えること自体が間違っているなどというつもりはまったくありません。自社倉庫をもてば安く済む、という発想も良いとは思います。しかし、ＥＣではシステムとフローの構築にこそ資金を注ぐことが大事です。

もう1つのありがちな傾向は、多くの経営者がコンサルタントなどに任せきりで倉庫をつくらせてしまうことです。

そこで尋ねたいのが、倉庫づくりを任せきりにしてしまうコンサルタントは倉庫についてよく知っているのか、ということです。

こう質問すると、ほとんどの場合は担当者がコンサルタントとよく相談して決めていったはずなので、問題ないのではないかと答えます。経営者は担当者に丸投げし、担当者はコンサルタントに丸投げします。その結果、コンサルタントは「最新鋭のマテハン機器を導入し、管理システムも最新・最高のものを導入したので、安心してお使いください」と報告する人も少なくありません。

実際にコンサルタントが手掛けた他社の倉庫の実態がどうだったか、そこで働いているスタッフやアルバイト、パートさんに今の仕事はやりやすいかと聞いてみると、その現状は分かります。もしも仕事しづらいという答えが返ってきたら、その理由は当該の倉庫現場でコンサルタント自身が実際に働いた経験がないためだといえます。たとえ最新鋭でも職場環境に適合していないマテハン機器を導入してしまってそのような状況を招いてしまったことが考えられます。

もちろんなかには自分はいろんな倉庫で何年も働いてきたのだと反論するコンサルタントもいるかと思います。このように突っ込んで聞いてみて、コンサルタントが現場でしっかりリサーチし、そこで働く人たちの意見も吸い上げたうえで、十分な検討を重ねてマテハン機器を選んだのであれば、そのコンサルタントは信頼に値すると思います。

百戦錬磨の経験豊かなシステムエンジニアの大切さ

ＥＣに限っていえば、経験豊富で優秀なＳＥを確保することが重要です。倉庫の受注や在庫状況、発送の状態をリアルタイムで把握するには、自社のシステムとのデータの連携などに既存の大手ソフトを利用しても対応できるようなカスタマイズがうまくできなくてはなりません。

ＳＥといえば通常はいわゆるシステムインテグレーションに当たる事業者に所属する

スタッフです。システムインテグレーションとはＩＴシステムのコンサルティングや設計、開発から運用までを一貫して請け負う業務です。

倉庫管理ではいまだに自社でExcelに個別のデータを手入力し、仕入れや受注数や経理ソフトを統合したものを入れている会社も少なくありません。倉庫のデータ管理では、既存の管理システムの使い勝手が悪く、導入しても１、２年で変更している会社も珍しくないのです。

ＥＣの倉庫は設備レンタル業ではなくオペレーションが大事なので、在庫管理と情報管理に関するＳＥの知識と経験が大事です。複数のＥＣショップの受注情報を一元管理できるシステムを活用して、本社のシステムとAmazon・楽天あたりをつないでいく際に、肝心なのはデータ連携です。

実際に起こるシステムトラブルでは普通のエラーはほとんどなく多種多様ですので、ＳＥで問われるのは、これまでにどれだけいろいろな会社でエラーに直面して解決に当たってきたか、つまりこなしてきた数と経験の豊富さです。分かりやすくいえば、一つの大きなプロジェクトに参画した経験をもつＳＥよりも、何年も掛けて多くの会社のさまざまな物流システムを構築してきたＳＥのほうが、問題が生じた際に解決できる能力は高いと考えています。

どうにも使えなかった倉庫管理システム

実は私自身、倉庫管理システム（ＷＭＳ）の導入には過去に散々苦労してきました。

私は物流業界で働いて40年になります。当初のパソコンはシステムに接続せず使用するスタンドアローンだったため通信回線につなげておらず、１９９５年11月、Windows95の日本語版が登場すると日本国内でも一般のユーザーにもパソコンが普及し始めました。しかし、業界内でインターネットを使う人はまだおらず、実際普及してきたのはここ10年くらいのように思えます。

従来は手書きの伝票に悩まされていた物流の現場でも、パソコンを活用すれば作業効率の大幅な向上が期待できるようになっていました。データは8インチのフロッピーディスクドライブを内蔵したパソコンで保存できるようになり、私たちは情報システムを独自に使いこなして活用していくにはどうしたらいいのかと考え続けました。

もとよりWMSという言葉もまだない時代でした。誰かにデータのデジタル管理を頼むにも前例もなく頼みようがないため、自分たちでデータベース言語を学び、外部のシステム会社にも協力を仰いで倉庫管理のデジタル化に取り組みました。

ところが作業はなかなか進みませんでした。依頼先のシステム会社はプログラミング言語やシステムの構築についてはプロでしたが、物流の現場についてはまったく知らなかったのです。今から振り返ると、私たちの会社のごちゃごちゃした倉庫現場など見たくもないと思っていたはずです。私たちが要望を伝えても意思疎通は図れず、何より私たちが解決したかった物流課題を繰り返し伝えても解決には至りませんでした。

何度もシステムをつくり直してもらって、時にはシステム会社の人たちに実際に現場まで来てもらって説明して改修を繰り返しても、私たちの希望どおりになることは結局ありませんでした。

何を求めても反応が遅く、しかも費用は高くついたのです。そのときに初めて、物流現場で、しかも私たちのような中小の業者が関わっている業務をシステム会社に理解してもらうのがいかに困難であるかを悟りました。私たちの現場はそれだけ特殊なのです。しかも当時はまだＥＣ倉庫を本格的に展開する以前だったにもかかわらずそうした状態でした。このことは現状のＥＣに対応して個別最適化したＷＭＳを構築していくのがいかに難しいかを物語っていると思います。

こうした難題をいかに解決すべきかと私たちは突き詰めて考え続けた結果、まずはＳＥについてシステム会社に依頼して来てもらっていたのをやめ、自前でＳＥを養成していくようにしたのです。

養成に当たっては、いきなりシステム構築をさせるのではなく、物流現場を学んでから、販売や生産、顧客それぞれの管理など上流の一連の業務を学んでもらうことで、物流の視点をたたき込むことができます。あくまで物流の現場を大事にし、倉庫で実際にやっている業務を起点にし、倉庫に真に寄り添えるシステムをつくり上げていくのです。

そのように徹底して取り組みを続けた結果、私たちが育成した物流専門ＳＥは自社独自でＷＭＳを開発しました。それを応用したシステムＳＡＮＴＡをそれぞれ最適な形で年間３００件、１００社以上のクライアントに提供しています。

私たちはＳＥに対して、顧客の状況を的確に把握して問題を分析し、解決策を示していくことができる提案力をもつように普段から指導しています。それぞれのプロジェクトを通じて得られた開発ノウハウや、データの処理速度を高める新しい技術、あるいは開発効率が上がる先端ツールなどについて、社内のＳＥ同士で情報共有を図る勉強会を頻繁に開いています。社内で切磋琢磨を続けることで、日々進化していけるよう励んでいます。

物流専門SEが現場に足を運び、現状を把握する

私の会社にはＳＥが現在６人在籍しており、物流のキャリアを少なくとも３～５年

間、ベテランになると10年程度もっています。

システム構築やデータ連携はもちろんのこと、ＳＥが顧客の会社の現場に足を運び、会社の担当者とコミュニケーションを取りながら、現場担当者の振る舞いをじかに観察します。そして、机上のヒアリングだけでは得られないリアルな現状をつかみます。

彼らは現場の人たちが出荷検品の際に画面を見づらそうにしていないか、入荷時に迷わず作業できているか、あるいは返品やセット加工する際に流れるように作業できているかといったことなど、作業をしている人の気持ちに寄り添いながら、事細かに観察します。

実際に入力ミスが起きている場合、画面上の字や表示が見にくさや、経験の長いマネジャークラスしか使えない難しい操作の設定画面が原因となり、ミスを誘発していることも少なくありません。

そして彼らが重視するのは、システムを誰でもすぐ操作できるようにすることです。

つまり、その日に入社したアルバイトスタッフが初めて触っても支障なく使うことができ、操作上のストレスがないように考え抜いた配慮をすることです。起動画面も入力ミスなどの基本的な間違いが起こりにくいように心を配ります。

同時に、例えば現場が発注を受ければ即日に迅速なレスポンスができるようなシステムへの改善を図っていきます。システムが実際にどのように使われているのか、データのやり取りがどのようになされていて業務フローがスムーズな形になっているかも詳しく検証していきます。私の会社の物流専門ＳＥは、システム上の問題を見つければその都度、顧客に解決策を具体的に提示して改善に向けて取り組んでいます。

彼らは顧客から問題解決の依頼を受けると、顧客の会社や現場の倉庫を２、３回は訪問して実情を確かめます。顧客の会社にもＳＥが在籍している場合は、ＳＥ同士で直接話し合い、顧客それぞれの基幹システムや在庫管理システムに合わせて、さまざまなＥＣモールとの切れ目ないスムーズな連携ができるようにＷＭＳを適切にカスタマイズしていきます。

自動作成システムで売上が大幅アップ

会社に寄せられる顧客からの相談は多種多様であり、内容はとても幅広いものがあります。

あるとき、子ども服のアパレルブランドである顧客から、ＥＣショップで福袋を販売したい、福袋は事前に作るのではなく、日々の業務時間で販売する分だけ作成するようにしたい、という要望を受けました。

福袋は通常、販売時期に合わせて事前に商品を選んで作ります。しかし、顧客は福袋として売る直前まで、定価でその商品を販売する可能性を追求しながらも、売れ残りや売り逃しを出さないように、事前の作り込みは避けたいという意向が強かったのです。

そこで私の会社のＳＥはチームを組んで独自の福袋システムを開発しました。商品の男女別とサイズを固定し、品番と色を偏りない状態にして注文を受けることで、作り置きでないリアルタイムの在庫から福袋になる商品を自動的に引き当て選択するというものです。

作業が標準化されているので、その日入社したばかりのスタッフでも使いこなすことができます。福袋が爆発的に売れた日であっても、倉庫内の作業担当者は福袋を作っているという認識すらないまま、いつもと変わらず商品をピッキングしていけばよいのです。顧客からはこのシステムを導入した結果、福袋の売れ行きはたいへん好調だったと感謝の言葉を受けました。

物流の匠がレイアウト設計、業務フロー構築、人材育成も担う

物流倉庫で起こるトラブルをどうしたら解決できるか、と悩みを抱えている企業はとても多いはずです。私の会社に寄せられてくるだけで年間250件前後に上るのですから、実際に悩んでいる企業の数は、はるかに多いのだろうと思います。

それぞれの問い合わせを見ると、ホームページを見て問い合わせが入るケースだけでなく、以前問題を解決したことのある顧客からの紹介、あるいは取引先の金融機関から

の紹介もありました。問い合わせてくる顧客の業種はアパレル、食料品、酒類、書籍、化粧品、雑貨などの販売、あるいは卸売など非常に幅広い分野にわたっています。

企画営業担当とＳＥ、そしてストレージプランナーが一体となって、問題解決のために依頼主の物流現場を実際に訪問して詳しく調査するだけでなく、ビジネスに関わる営業部、生産部、商品管理部、物流部門、さらには経営陣を含めてあらゆる部署に対してもそれぞれ徹底的なヒアリングを繰り返していきます。さらに個々の問題の解決だけでなく、実際に顧客が物流でどういうことをやりたいかなどについても詳しく聞いていきます。

ストレージプランナーは、独自の造語ではありますが、倉庫内の最適なレイアウトの設計から棚などの什器や物流機器などハード面の選定、業務フローの構築、作業手順書の作成から人材育成に至るまでを一手に展開していくトータルプロデューサーです。長年培ったノウハウを活かして独自に生み出した物流の匠といえます。

私の会社には、物流業務であらゆる経験を10年以上積み重ねて、業務改善マネジメントにも取り組んできた経験豊富なスタッフ３人がストレージプランナーとして、まさに設計の図面を引くところから業務稼働までのすべてを統括しており、現在はさらに２人の育成をしているところです。

倉庫や物流関連業務だけではなく営業、調達、総務・人事に至るまでのすべての企業業務をひととおり経験しているストレージプランナーだからこそ、顧客の経営陣や営業、総務関係の担当者、さらには現場で作業に当たっているスタッフも含めた幅広く多様な相手に対して突っ込んだヒアリングができるのです。

ストレージプランナーを中心として、最初に顧客に課題をヒアリングする営業担当、物流専門ＳＥ、現場責任者の計４人でチームを組み、物流改善のために物流システムの再構築に当たります。４人で構成するチームを、Logi4mation（ロジフォーメーション）と呼んでいます。

自社ではたどり着けない根本原因を探り、解決策を明示

顧客が抱えるトラブルの原因は現場だけにあるのではなく、さまざまな阻害要因が複雑に絡みあって生じていることもあります。自社の調査だけでは社内の忖度や組織の縦割り意識による軋轢《あつれき》などによって根本原因にたどり着けずにいるため、第三者である私たちの営業やストレージプランナーがそれぞれの現場に入りヒアリングを実施します。すると顧客が当初想定していたのとは全然違うところに根本原因が潜んでいることが明らかになることもあります。

ヒアリングに当たっては、私たちは顧客が現状をどう改善してどのような倉庫業務を実現したいのか、どういうシステムを構築したいのかも含めたニーズを徹底的に聞き取っていきます。私たちは第三者の立場でより高く広い視点から全体事象を見つめ、俯瞰《ふかん》する目をもちながら詳しく分析して絡まった糸を解きほぐしていくように、これまで見えなかった根本原因がどこで生じているのかを明らかにしていきます。

例えばデータ管理システム一つをとってみても、販売管理、生産管理、出荷管理、顧客管理、ＷＭＳなどと分野が多岐にわたります。こうしたそれぞれのシステムを管理する担当部門が異なるために組織の縦割り意識から互いの連携がうまくできていません。さらにはシステム内部に問題が潜んでいることもあり、解決策が明確に見つかっていないことがあります。

このようなケースでも、経験豊かなＳＥとストレージプランナーの役割はとても重要です。依頼を受けると、システムに問題があると見られる場合はまずはＳＥがそれぞれの現場に入って当該システムを動かし検証します。

一方でストレージプランナーは部門の責任者や現場スタッフに面談してヒアリングをし、現場での作業効率のスピードアップや、在庫数が合わないことや誤出荷の削減による物流品質の向上、さらに削減可能なコストの分析をしていきます。ストレージプランナーが業務フローを基本にしながら、どこをどのように改善していけば問題が解決できるのかを見極めて原因を究明し、全分野にわたって改善の進め方へのプランも立てることで、顧客のビジネススタイルに最も適した業務フローを構築し直すことが可能になります。

その結果、当初は想定していなかった業務フローそのものに根本原因が潜んでいることをつかんで明示し、顧客の業務改善につながることもあります。

顧客からの情報開示で、どんな難題もすべて解決できる

実際、どんなに解決困難と思われるトラブルでも、顧客が私たちのスタッフに詳しいデータや情報をすべて開示し、協力してもらえればすべて解決できます。

しかし、一方で個々の倉庫現場に赴いてみると現場の人たちが非協力的で情報開示に消極的だったため、解決にたどり着くまで難航することもまれにあります。そういった場合でも開示に協力してもらえるよう顧客に働きかけ、すべて解決にもっていけるように努力しています。これからも不断の努力を続け、問題解決の精度をさらに高めていき

ます。

新型の機械や技術を導入する際には現場の実態改善をおろそかにするようなことがあってはなりません。常に現場が働きやすく、動きやすいよう改善に向け顧客に寄り添いながら挑戦し、現場主義の意識をもち続けます。

ストレージプランナーが現場に入り、スキルを伝授

物流の改善のために多くの企業では、コンサルタントに相談して改善策を提言してもらうことが少なくありません。しかし、物流の匠、ストレージプランナーたちが取り組む物流改善は一般的なコンサルティングとはまったく異なり、最後まで責任をもってコミットしていきます。

具体的には、企画営業担当だけでなく必要に応じてストレージプランナー、ＳＥが実際に顧客の物流倉庫現場に入り、問題の要因を徹底的に排除した独自の業務フローを現場に導入（インストール）していきます。そして、基幹システムや各部署のシステム連

携、現場でのロケーション設計や保管スペース、作業エリアのレイアウト変更などの改善を実行したり、作業手順マニュアルを顧客に代わって作成したり、あるいは見直したりして業務の平準化を図っていきます。

さらにＯＪＴも私の会社の専門スタッフが主導し、ＷＭＳのオペレーションや作業手順を、顧客の現場スタッフに対して業務で必要な知識やスキルを実践しながら伝授しています。

そうして実際に改善が完了し、私たちが伝授した方法を現場スタッフが取ることで、誤出荷ゼロ、在庫差異ゼロを実体験し、スキルを共有してもらいます。その後、全数棚卸を実施し、システム上の在庫と実際の在庫数の差異をゼロにリセットしてから、倉庫は再スタートとなります。ここまでを私たちの会社が責任をもってやり遂げます。こうすることによって、顧客のスタッフだけで誤出荷ゼロ、在庫差異ゼロを再稼働後もキープしてもらえるようになるのです。

改善を実施してからの顧客のアフターフォローに関しても、必要に応じてヒアリングをするなど常に万全の態勢を取っています。

物流のコンサルタントを巡っては、公益社団法人、日本ロジスティクスシステム協会が認定する民間資格の一つに物流技術管理士があります。企業の物流実務経験を2年程度有する人が全21日間の長期研修を受講すれば試験を受けることができ、合格率は7割で難易度はあまり高くありません。ちなみに私の会社のスタッフには特に資格取得を推奨しているわけではありません。

ＥＣのための倉庫や物流現場が急速に広がり始めたのはここ10年ほど前です。この資格で求められている物流実務経験をもつ人は、ＥＣのための倉庫についてあまり詳しくないことが多いのではないかと思います。歴史の浅い現場では、コンサルタントが体系立てて学べるようにフォーマット化された知識体系などが、まだ確立されていないのが実情です。これはこの業界で40年以上も仕事をしてきた私の実感です。

そのため、コンサルタントを入れて入念に整備したはずのＥＣの現場で現実と合わない、使いづらくて仕方がないといった問題が頻発するのです。うまく使えもしないマテハン機器が導入され、現実を顧みず理想だけを描いた動線が整備されてしまい、結果として、社長が現場へ確かめに行ってショックを受けるようなことになり得ます。

物流の体制は、顧客の声をよく知る営業担当トップの思いも十分に汲み取りながら、社長が３～５年後に実現したいと願う商売の姿に合うように整備していかねばなりません。顧客の声が物流面に絡んでいるケースは本当に多く、例えば締めをこれぐらい時間短縮してほしい、箱をこう変えてほしいといった意見が寄せられます。

これらは日々、顧客に寄り添うべく生の声を集約している営業担当トップだからこそ知っている貴重な情報であり、仕入れ担当や個々の現場の営業担当者も共有し、こまめに連携することが求められます。そうしたさまざまな貴重な声を意識しながら、現場が使いやすいアイデアを提案してくれるコンサルタントこそ望ましいといえます。

また給与計算などの経理ソフトはこれまで使用していた既存のもので十分です。しかし、倉庫管理は１００社あれば仕様は１００通り違いますので、倉庫の管理システムであるＷＭＳは既存ソフトを導入しようとしても使いものになりません。
　例えば依然として手入力の多い現場ではあまり使われていないタブレット使用が前提になっているなど、実態に合っていないケースが多いのが実情だと思います。

　倉庫管理の多くは、私がこの仕事に関わり始めた約40年前から何も変わっていません。入出庫のデータ入力は最悪、Excel管理で手入力でも十分かもしれません。しかし、ＥＣに対応するためにはこれまでの形では対応できず絶対にカスタマイズが必要になります。ちょうど注文建築の戸建て住宅が一戸ずつ違って、土地の形、予算、家族人数も違うものに合わせていかねばならないように、まさに建築の匠のような精緻で技術力の高い設計が倉庫管理のシステム構築に当たっては大事になるのです。こうしたことを深く認識した私たちは、ストレージプランナーを独自に生み出したのです。

EC物流は既存システムのままでは使いものにならない

倉庫を運営するには必須のシステムとなるため、物流コンサルタントはマテハン機器のほかにWMS導入も提案します。ただし、導入される現場ごとに要件が異なるため、導入に当たってはきめ細かなカスタマイズが必要になります。

通常、カスタマイズの業務に当たるのはコンサルティング会社とつながりのあるシステム会社のエンジニアです。大手のBtoB取引であれば問題なくシステム導入へと進んでいきます。ところが同じシステムをECに当てはめていくのは本質的にできません。なぜならECでは扱う商品は企業ごとに異なるからです。例えば化粧品と鰹節、アパレル、線香などそれぞれの形や大きさ、パッケージの仕方や扱うときの温度管理やバーコードを貼る箇所、返品対応まで、何もかもが違うため、千差万別の商品を一律の定型システムで管理することはそもそも不可能なのです。

簡単ではないECモールとのシステム連携

システム関連の問題で難易度が高いのがECモールとのシステム連携です。例えばAmazonや楽天などで店舗展開する場合は、伝票作成やメール対応などを一元化する受発注管理システムを導入するのが一般的です。

しかし、特定のカートシステムと受注管理システムが在庫についてのデータを連携していないことがあります。特定の状況になると在庫のデータが戻らないといった不具合や、サイト上の表示と実際の在庫データ管理に不備があると、顧客からの要望どおりの注文を受けることができず、顧客に対してお詫びする事態となります。そうしたトラブルが続くと顧客からの評価を大きく下げ、次第にネガティブな評価がECサイト運用者にも伝わり、一気に信用を失う事態につながりかねません。

WMSの導入の際は、こうした事態を起こさないためにどのように対処すべきかを考え、物流コンサルタントがシステム連携も万全にできるようにしっかり対応してくれるかについても見極めておくことが重要です。

ＥＣが拡大してきたなかで、物流業界はＥＣ多店舗経営や卸業務と自社店舗への出荷業務などがますます複雑になってきています。私の会社では、顧客の基幹システムや受注管理ソフトとの連携はもちろん、ビジネススタイルや販売戦略に合わせてＥＣ関連の在庫を使いやすいように適合した仕様に柔軟に変更しながら共有し、一元管理ができるようにしています。

ここまで述べてきたことが自社でしっかりとできるようになれば、あなたの会社の倉庫管理はきっとうまくいくだろうと私は確信しています。

そのうえで改めて確認したいことは、あなた自身が自社でしっかりとＥＣを構築して内製できるかについて、どれだけ強く意識し、考えているのかということです。

例えば自社のＥＣサイトを点検してみて、常に顧客にとって使いやすく押しやすい位置に注文ボタンがあり、間違いにくくなっているかなど、ユーザーフレンドリーな配慮が行き届いていることは当然必要です。

さらに繰り返して強調しておきたいのは、ＥＣに取り組んでいくなかで、倉庫の重要性についてしっかりと認識しておいてほしいということです。

社内の配置では優秀な人材を惜しむことなく、倉庫の現場に投入してじっくりと働かせることがカギです。

BtoBではなくBtoCのＥＣ倉庫を目指すのであれば、倉庫は設備レンタル業ではありませんし、ソリューションであるということの重要性を常に意識していってほしいと思います。

column

物流業界が抱える「2024年問題」という大転換期

今後の物流・運送業界は「2024年問題」と呼ばれる大きな課題を抱えています。働き方改革関連法により、2024年4月1日から「自動車運転業務における時間外労働の上限規制」が適用され、それに伴った物流・運送業界に生じる諸問題のことを指しています。具体例を挙げると、トラックドライバーの時間外労働が年間960時間に制限されることで、大まかにいえば、ドライバーの労働時間に罰則付きで上限が設定されることです。これにより、「会社の売上・利益減少」や「トラックドライバーの収入減少・離職」「荷主側の運賃の上昇」といった問題が生じる恐れがあります。

特に2024年問題が論議されているのは、長距離トラックのドライバーについてです。追加規制になれば物流・運用コストが間違いなく跳ね上がると私は予想しています。高騰する分は消費者に転嫁され、配送費は今より倍増しても不思議ではありません。そんなことになれば消費者の購買意欲は減少するのではないかと思います。

２０２４年問題への対応策として、国は新東名高速道路の駿河湾沼津〜浜松間の１００キロ程度に自動運転用の走行レーンを設置し、夜間に走るトラックでも、ほぼ自動で走行できるレベル４の実用化を目指しています。ほかにも首都圏の一部の高速道路でレベル４の自動運転の実証実験を開始するなど、２０２４年の実用化を目指し、さまざまな取り組みが行われています。こうしたテスト運転がうまくいき、もしも高速道路で自動運転の専用レーンが実現すれば逆に運送コストの削減が可能になり、将来的には運賃がむしろ下がる可能性もあります。ドライバーは不要となり、長距離トラックドライバーが大量失業する事態も起こり得るのではないかと私は予測しています。

いずれにせよ物流業界にとって２０２４年が大きな転換期となるのは間違いありません。刻々と時間が迫るなかで今後関係する業界が一丸となって英知を結集してさらなる打開策を見つけだし、困難を克服していかなければならないのです。

［第3章］

返品対応が追い付かず、在庫数も合わない……倉庫管理のトラブルを防ぐEC物流改善メソッドとは

ECに対応できれば怖いものなし

ＥＣが本格的に行われるようになってきたのは、ここ20年ぐらいの話であり、まだ歴史はそれほど長くありません。従来の物流に関するセオリーや考え方では対処できず、新しいジャンルである点に注目する必要がありますが、決して一般的な物流の役に立たないというわけではありません。むしろＥＣの物流こそは、物流の最先端であり、難易度で考えれば最上位に位置するといっても、決して言い過ぎではありません。最も難易度の高い1ピース1ピース１００の単品管理をパーフェクトにこなせるようになれば、１００ピース1のロット管理などは、まさに朝飯前となります。ＥＣ物流の考え方を押さえておけば、あとはどのようにでも応用できるのです。

それだけレベルが高いため、従来型の倉庫や物流をイメージしている人には、少々難しい話が出てくると思います。しかし、それ以上にビジネスを新しい世界へと導いてくれるはずです。

私たちは家電メーカーの傘下でBtoB物流一筋の世界で生きてきて、そこからECの世界に転換しました。それ以降の筆舌に尽くし難い苦労を経て、現在のノウハウを築き上げてきたのです。

これまでに培ってきたノウハウを応用すれば「儲かる物流・儲かる倉庫」を確実に実現できます。この「儲かる」というキーワードは、おそらく普通の物流コンサルタントは使わないと思います。では、なぜ私は儲かるといえるのかというと、これまでに数えきれないほど多くの顧客の倉庫を儲かるように変えてきた実績をもっているからです。

儲かるために考えなければならないポイントは大きく分けると「誤出荷を防ぐ」「返品対応を迅速に行う」「帳簿と実在庫を合わせる」の3つです。

このように書けば、そんな当然のことはすでにできている、と感じると思います。特に自社に倉庫を構える経営者で、実際に自分の目で倉庫の現状を見ていない人なら、そう思うことが多いはずです。ですから経営者の皆さんはぜひ一度、自社の倉庫を自分で確かめることが大切です。

ともあれ3つの問題がどのようにして起こり、どうすれば解決できるのか、いずれも決して簡単な課題ではありません。だからこそこの問題を解決できれば、確実に「儲かる倉庫」になるのです。

たった一度の誤出荷も許されない

誤出荷とは文字通り、誤った出荷です。つまり注文してくれた顧客に、間違った商品を届けてしまう、あるいは注文してもいない顧客に商品を送ってしまう、などです。また間違うのは商品だけでなく、その数量や納期も含まれます。こうしたミスが発生したときには、おそらくはその商品を、どこかの別の相手に届けてしまっている可能性も高いです。

このような問題は、なにも今に始まったことではありません。BtoBの取引では、しょっちゅうとはいわないまでも、時々は発生していたはずです。けれども、それが大きな問題となるのはまれでした。なぜなら、BtoBの取引は、基本的に同じ相手と長年にわたって繰り返されるものであり、その間には互いの関係も築かれています。なれ合いではないにせよ「すみません、次からはこんな間違いがないよう気をつけます」と詫びを一言入れておけば、たいていは「仕方ないな、今度は気をつけてや」で済み、問題が深刻化するケースはめったになかったと思われます。

しかしECでは、そのような言い訳はまったく通用しません。そもそも釈明する機会などがないのが当たり前です。ECモール経由での注文に対して誤出荷してしまうと、まずモールからペナルティーを科せられ、エンドユーザーからも「この会社はいい加減。要注意！」などと、ネットに書き込まれて拡散されてしまいます。

そんな誤出荷が起こる原因はさまざまながらも、私たちのこれまでの経験からは、次の2つが主因と考えられます。1つは誤ピッキング、もう1つは出荷時に伝票を間違って添付してしまうミスです。データを取って調べてみると、この2つが誤出荷による事故の8割程度を占めていました。ピッキングミスは、商品の取り違えと数量の間違いに分けられます。そのうちのほとんどが数量間違いでした。

誤出荷が起きる理由

　このようなミスが起こる原因を追及していくと、よくいわれる作業者の注意力の問題ではない実態が明らかになりました。例えばピッキング作業、すなわち出荷指示（＝ピッキングリスト）に基づいて、該当する商品を在庫から選び出すときには、リストに記されている商品番号と、手に取った商品に記載されている番号を確認します。そのとき、確認をしているつもりでも、実は勝手に「合っている」と最初から思い込んでしまい、確認作業を飛ばしてしまうのです。

　このようにして確認作業を飛ばしてしまう理由は、まさに人間心理の問題といえます。要するに自分が間違うはずないと確信をもっている業務を、わざわざ確認しながら進めるのはムダだと、心のどこかで思っているのです。その結果、確認漏れが起きてしまいます。確認ではなく、何かほかの処理作業は得意で、まず間違ったりしないと自信をもっている人ほど、やってしまいがちなミスです。

そのような問題に対しては、心理的な解決法が有効です。つまり処理作業ならきちんとできるのだから、確認作業を単に「確認する」作業としてやってもらうのではなく、「確認という処理」作業としてやってもらうのです。つまり単に「確認してください」と指示するのではなく、「最初に出荷指示を見る、次にそこに記されている商品番号を見る、その商品番号の商品を取り出す、取り出した商品番号を出荷指示の商品番号と比べる。この一連の処理をきちんと行ってください」といった要領です。

そんな単純なと軽く受け止めることはＮＧです。実際の作業現場の改善とは、このようなごく些細な意識変革が最終的に大きな成果につながるのです。トヨタ流の「カイゼン」も、こうした小さな工夫の積み重ねだと想像しています。

誤出荷を防ぐ工夫

作業する人の立場で、業務を行いやすい環境を整えるのも重要です。例えばピッキングリストには、極力不要な情報を入れないように配慮し、重要な情報は大きく表示し

誤出荷を防ぐために有効なピッキングリストの工夫

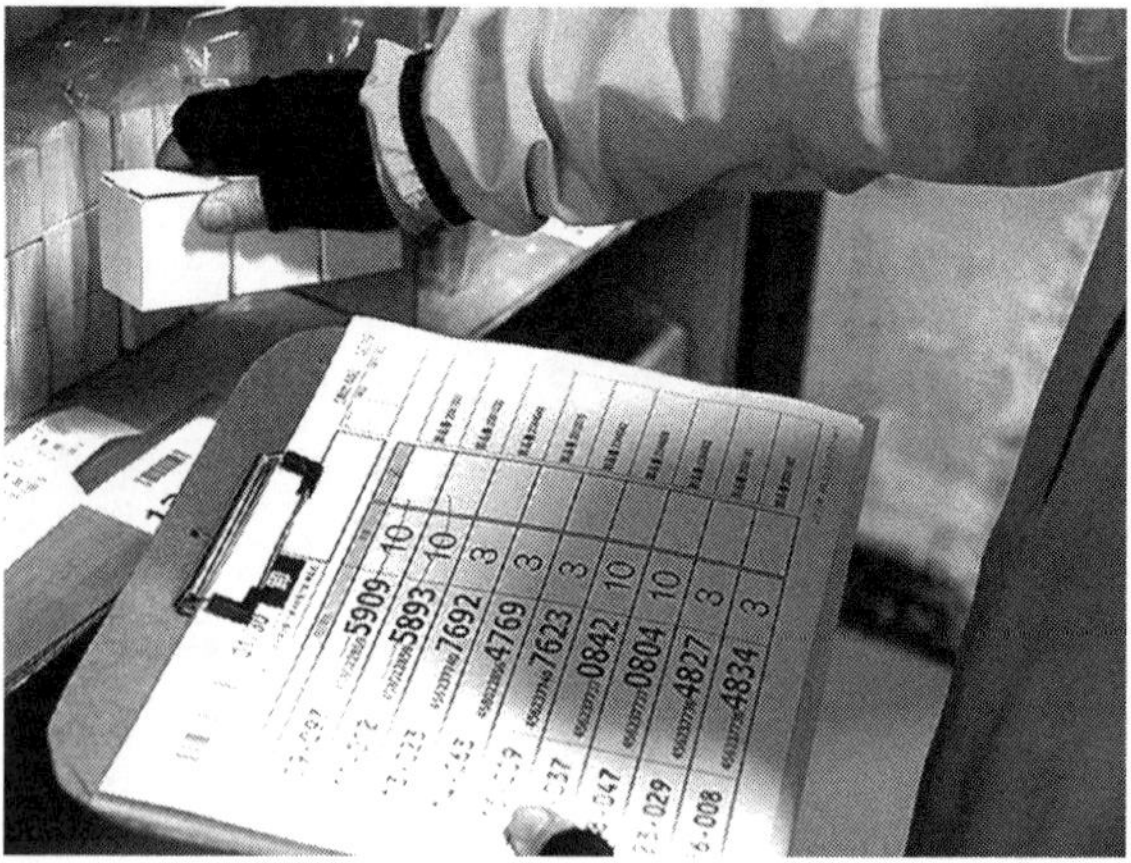

て、目立つようにします。記された情報の重要性に順番がある場合なら、Ｚ式表示を取り入れるのも一案です。Ｚ式表示とは、横長の紙を渡されると人は自然に、視線を左上から右へと走らせ、そこから斜めに左下へ、さらに右へと見ていきます。習慣を利用する表示方法で、チラシやレストランのメニューなどに活用されています。

　現物表示のシールや看板などにも一工夫します。具体的には類似品と区別しやすいように、そこだけ大きくしたり色を変えたりするのです。さらに、表示には数字やアルファベットではなく、作業する人に年配の方が多い場合などはその特性を考えて、あえて「ひらがな」を使うのも効果的です。仕事柄、横文字に目を通すことが多いコンサルタントにとって、このアイデアは斬新な発想に映る可能性があります。

もう一つの送り状のミスも、ちょっとした工夫で発生率を下げられます。そもそも出荷時に送り状だけを別に取り出すのではなく、ピッキングリストと送り状を最初からセットしておけば、貼り間違いは基本的に起こらないはずです。ただ複数商品を同梱する場合には、伝票類と出荷準備した商品の突き合わせ作業が必要になります。そんなときのためには、双方に分かりやすい記号を入れたり、通し番号を振ったりするのが有効です。

ピッキングミスを防ぐ工夫

誤出荷を起こすもう一つの要因が、ピッキング段階でのミスです。ピッキングには、摘み取り式（シングルピッキング）と種まき式（トータルピッキング）の2種類があります。

摘み取り式とは、受注ごとに商品をピッキングする方法で、注文先別に順番に商品を保管場所から取り出します。注文先や梱包する単位ごとに商品を集めるので、取り出す商品が多品種少量である場合に適しています。

一方の種まき式とは、いったん保管場所から必要な商品をまとめて取り出してしまい、それから注文先ごとに仕分ける方法です。出荷先別に仕分け作業を行うため、少品種多量つまり商品の種類が少ない割に出荷先が多い場合に有効です。必要な商品を一度にまとめて取り出すので、ピッキングのために人が動き回る必要がありません。ただし、出荷先ごとに商品を仕分けする必要があるので、そのためのスペースが必要になります。

ピッキングでのミスを避けるためには、ロケーションを見直す方法もあります。ロケーションとは、倉庫内で商品を保管している場所を意味する言葉です。棚やボックスごとに番号を割り振り、どこにどの商品が置かれているかが、はっきり分かるように管理します。

適切なロケーション管理を行うためには、商品ごとの出荷状況を把握しておく必要があります。よく動く商品を、取り出しやすい場所に保管するのが鉄則です。そのため、ファッションアイテムなど季節商品などを扱っている場合は、それらの商品をどこに保管するかで効率が大きく変わってきます。このように倉庫内のレイアウトは常に見直しをしながら、臨機応変に最適化を図るべきものです。そう考えると、一度導入してしまうと、あとから動かしにくいマテハン機器の不都合さを理解できると思います。

ピッキング時の作業者の動線を最小化できれば、移動時間が短くなり、生産性が向上します。当然、疲れもたまらないので、注意力を高く保った状態で作業できます。その結果として、人為的なミスを減らせるのです。

ミスがなくなれば、ミスをカバーするための余分なコストも抑えることができ、つまり誤出荷ゼロ＝「儲かる」というわけです。

意外とできていない適切なロケーション管理

ロケーションには、固定とフリーの2つがあります。定番商品がメインで常に同じ商品を補充しておかねばならない固定ロケーションでは、特定の商品をいつも同じ場所、つまり固定されたロケーションで管理します。単純で分かりやすいですが、融通が利かないのがデメリットです。空いているからといって棚にほかの商品を置くと、ルール違反になるのです。逆に決められた保管場所の容量を超えて商品が入荷した場合などは、ほかに空きスペースを探さなければなりません。特定の商品を、本来とは異なる場所に保管する場合には、管理システムの変更も必要になります。

一方のフリーロケーションは、空いている場所に商品を保管するやり方です。そのため空いている棚をそのままムダにすることがなく、臨機応変に商品を保管できます。ただスペースをムダにしない代わりに、どの商品をどこに収納したのかを、随時正確に把握しておかないと、何がどこにあるのか分からない状態になってしまい、作業効率が一気に低下します。倉庫内の作業で何よりムダなのが商品探しです。あるはずの商品がない、となれば探さなければなりません。誤出荷が行われていると、そのようなトラブルがたびたび発生します。そのためにも誤出荷はゼロに抑えなければならないのです。フリーロケーションを導入するためには、単純ですが「何が・どこに・どれだけ」あるのかを、常に把握する必要があります。この管理に欠かせないのがＷＭＳです。

具体的な方法としては、入出庫の際に必ず棚と商品それぞれのバーコードを読み取り、商品名と在庫数、保管場所をシステムに自動入力します。人が伝票に手書きしていれば必ずミスが起こりますが、バーコードを使用することで効率的なロケーション管理が可能となります。そこに、倉庫を熟知したＳＥによって個別の倉庫に最適化されたＷＭＳを組み合わせます。システム会社もしくはコンサルティング会社のエンジニアによって開発されたシステムではなく、カスタマイズされたＷＭＳとバーコード管理を活用することでフリーロケーションでありながら誤出荷を抑えることができます。

見過ごされがちな返品対応

物流業務の効率化にとって大きなボトルネックとなるのが返品です。これもＥＣ、なかでもアパレル関係のネット通販の普及につれて見過ごせない問題となっています。

全米小売業連盟（National Retail Federation）と米データ分析会社アプリス・リテール（APPRISS RETAIL）の調査によると、実店舗で購入した場合の返品率が平均で10％程度、これがＥＣ全体では約2倍の20％程度となり、特にアパレル関係に限れば、その返品率は30％にもなります。アパレル関係の商品を扱っている企業にとっては、返品対応が重要な課題となります。

まず返品処理には、どのような作業が含まれるでしょうか。ＥＣショップで商品を購入した顧客が思っていたものと違うなどの理由で返品をリクエストします。これを受けてＥＣショップでは、返品するための手続きを顧客に求め、同時に発送元である出品者にも連絡を入れます。手続きが終わると商品が発送元に戻ってきます。返品を確認し、必要な場合はサイズや色などを変更した商品の再発送や、返金作業を行います。

返品された商品は特にアパレルの場合、直ちにリバイバルする必要があります。ファッション関連のアイテムには旬、つまり売れ時があり、その期間は限られています。だからこそ戻ってきた商品は、できるだけ早く再出荷できるように整えておかなければなりません。

とはいえ、これが実は手間の掛かる作業でもあります。返品されてくる商品が、発送時のきれいなままの状態を保っているケースなど、まずありません。商品を受け取った顧客は、包装を開けて商品に一度は手を通しているケースがほとんどです。そのため戻ってきた商品は、直ちにきれいにたたみ直したうえで袋に入れ、タグを付け直す場合もあります。

一連の作業を行うには、返品を受け取り作業するスペースが必要であり、そのためのスタッフも確保しなければなりません。もちろんコストが掛かりますが、返品処理はできるだけ速やかに行うべきです。なぜならなんらかの不都合があって戻ってきたとして

物流業務の効率化の障壁となっている返品対応の業務

も、それは旬の商品であり、売れ筋だからです。

逆にいえば、本来なら売れるはずの商品を売れない状態で置いておくのは機会損失となります。そうなると返品作業に掛かるコストに加えて、機会損失までが業績のマイナスとなるのです。

旬の売れ筋アイテムを抱えていれば、その出荷で忙しく、返品などに手間を掛けていられない、というのが現場スタッフの言い分です。ですが、返品対応のシステムをあらかじめ作り込んでおけば、それほど手間を取らずに、余分なコストも抑えながら、販売ロスを防げるのです。

逆に返品処理をシステム化していない場合、返品処理が後回しにされます。返品処理をやらないといけないと頭では理解しているものの、ある程度量がまとまったら手を付けようと考えてしまうのが人間の自然な心理です。するといつの間にか、処理すべきものがたまってくるのです。それを見て今度は、面倒だから時間ができたらちゃんとやろうと考えて、後回しにしてしまいます。その結果、旬で売れ筋だったはずの商品が、気づいたときには不良在庫に朽ち果ててしまうのです。これでは明らかに儲けを阻害します。

アパレルに返品が多い理由

商品特性から考えると、アパレルの返品の多い原因は大きく3つに分けられます。

まずはサイズが合わない、思っていた色と違う、着心地が気に入らないなどです。要するに、サイトで見ているときに想像していたものと、実際に届いた商品に違いがある場合です。これればかりは現状のＥＣサイトでは、どうにも対処のしようがない問題であり、アパレル商品の宿命でもあります。いくら大画面化や画像の精緻化が進んでいるとはいえ、スマホで見ていたときの商品と実物の間には、どうしても違いが出てきます。

そして、その次に多いのが、商品が不良品だったケースです。服にほつれや汚れなどがあった場合の返品作業は、顧客からのクレームへの謝罪であり、真摯な姿勢と迅速な対応が欠かせません。

不良品を受け取った時点で、顧客はすでにそのブランドに対する不信感を抱いています。そのため返品以降の一連の作業で、なんらかの追加トラブルが発生すれば、顧客は二度と注文してくれません。特にＥＣサイトからの注文だった場合には、サイト運営者からペナルティーを科せられる可能性が高く、さらに不満を抱いた顧客がＳＮＳや口コミサイトでブランド批判の書き込みをする可能性もあります。

しかし対応次第によっては、ピンチをチャンスに変えることも可能です。すなわちできるだけ速やかな対応を行い、その際にはお詫びのメッセージを添えます。さらには次回の購入時に使えるなんらかのプレミアムなどを同封しておきます。こうした対応を評価してもらえれば、それもまたSNSや口コミサイトで広めてもらえるのがECの奥深い点でもあります。

3つ目のケースは、購入者の気変わりです。特にネットで注文してから届くまでに時間が掛かったりすると、気持ちが変わってしまったり、ほかのサイトで見つけた似たような商品が欲しくなったりして、最初の注文をキャンセルしてしまいます。定期的に購入するコスメ系の商品であれば、少々納期が遅れても許されますが、タイムリーさを求められるファッションアイテムの場合は特にスピーディーな対応が必要です。

そのためアパレル物流に関しては、私たちも次のような特別ルールを定めています。当日の13時までの発注に対しては、必ず当日中に発送します。ことアパレルに関しては「明日来る」対応が望ましいのです。

そして、アパレルで「明日来る」対応ができれば、売れ筋商品の機会損失をミニマムに抑えられます。つまり本来売れるはずの商品がきっちりと売れていき、「儲け」につながるのです。

返品処理で顧客満足度を高める

返品処理を迅速かつ適切に行えば、顧客の印象を大きく変える可能性があります。その際に最優先すべきは、スピーディーな対応です。顧客からすれば、ネットで見つけて気に入った商品です。早く来ないかなと待っていたところ、届いた商品が思っていたものと違うとなると、この時点で、すでに不満はかなり限界に近い状態です。しかも基本的に決済はもう済ませているのに、どうしてくれるのかと怒ってもいます。にもかかわらず返品処理が長引けば、腹が立ってくるのは当たり前です。

顧客からすれば返品を求めてメールなどで連絡をした翌日に、直ちに交換商品が届けば、驚き、かつ喜んでもらえるのです。現実問題として翌日は難しいとしても、早く届けられれば届けられるほど好印象を得られます。さらに私たちは、返品の際に購入のお礼と不良に対するお詫びメッセージを、顧客ごとにカスタマイズして同梱するサービスを提供しています。こうしたちょっとした気遣いが、顧客の気持ちに何より刺さるのを長年の経験により理解しているからです。その結果、返品体験をレビューやＳＮＳなどに書いてもらえる可能性も出てきます。これこそ災い転じて福となす良い事例です。

また、返品処理を迅速に行えるシステムを整備できれば、それはそのまま試着サービスにも転用できます。アパレル関係で最近増えているのが、こうした試着・レンタルサービスです。複数の商品を送り、試着して気に入ったものを購入してもらう、あるいは最初から返品を想定し、レンタルとして商品を提供します。さらには返品を前提として最初から複数の商品を注文してもらい、気に入ったものがあればまとめ買いしてもらいます。

いずれも迅速かつ適切に対応できる返品システムを整備できれば展開できる、新しいビジネスモデルです。

合わない帳簿の数字と実在庫

私たちに相談に来る経営者の人に、決まって尋ねる質問があります。

「御社では帳簿上の在庫と、倉庫の実在庫の数字は合っていますか」

この質問に対して、ピッタリ合ってますよと自信をもって答えた経営者は、残念ながらこれまで一人もいません。逆に私の会社が管理する顧客については、帳簿の数字と実在庫はピッタリ合っています。万が一、合わないような事態が起これば、サービス利用料金を請求しません。

そこまで言って大丈夫なのかと思われても、心配無用です。なぜならそれだけの仕組みを考えて、構築しているからです。

そもそも、なぜ数字が合わなくなるのか、倉庫に行って、少し時間を掛けて中を見て回れば、納得してもらえると思います。隅のほうにデッドストックと化した荷物があったり、どう見ても何年か前に仕入れたような商品、特にアパレル関係ならトレンドとはとても思えないものがまとめて置かれていたりすることもあるはずです。

あるいは、返品の山ができている可能性もあります。これもアパレル関係なら、ぱっと見には旬の商品のようでありながら、返品されたままの状態で放置されているものがあります。実は旬の売れ筋で本当なら宝の山なのに、今は忙しいから時間ができれば処理しようと放置していると、シーズンが変わる頃には不良在庫となっています。

　このような不良在庫は、どうにも始末が悪いものです。それがアパレル関係の商品であれば、シーズンの変わり目に大処分セールなどで売り出せば、まだ処理できる可能性もあります。ですが、次の商品がどんどん入荷してくるので、不良在庫を処理する余裕もなく、ますます積み重なっていくのです。

　当然、帳簿上の在庫と実在庫に狂いが生じていきます。売れない商品は本来なら評価損を計上して会計処理する必要があります。これを怠ると経営の実像が見えなくなってしまいます。

　ところが何年も不良在庫を積み重ねていると、評価損もそれなりの額になってしまいます。責任者が誰なのかはおいておくとして、担当者としては、そのような評価損をそのまま報告すれば、その後に起こる事態を想像するだけで恐ろしくなり、まともな報告などできなくなると思います。

ではどうすれば帳簿の数字と実在庫がピッタリ合うのか、そのカギは受注管理にあります。

適切な受注管理のプロセス

受注管理とは、顧客から注文を受けて出荷指示を送るまでの全工程の管理を意味します。ＥＣであれば、顧客がクリックした注文をＥＣサイト経由で把握し出荷するまでの管理を指します。

このように書くと単純な作業と誤解されそうですが、実際には次のようなプロセスを的確に行う必要があります。

・受注確認
・決済入金確認
・在庫確認

・出荷指示
・売上計上

さらに受注時のサンクスメール、出荷完了メール、決済完了メールなどきめ細かな顧客対応が求められます。対応する側にはさまざまな手間が掛かっているとはいえ、ネット通販を利用する顧客からすれば、これらはすべてできて当たり前のサポートです。そのため一連の作業のどこかに不備があると、それだけで顧客満足度が下がるのはいうまでもなく、顧客不満につながりかねないリスクがあります。

このレベルの対応を求められるようになると、Excelシートをベースとした管理手法では到底対応しきれません。そこでＥＣに取り組むためには、いまやＷＭＳの導入が必須条件ともいえます。

一連のプロセスを具体的に説明していきます。まず顧客から注文を受け、受注管理システムの利用によって注文処理を行います。その次に決済を確認する工程でＥＣサイトとの決済連携機能を利用します。銀行振込や後払い決済への対応も用意しておく必要はありますが、決済連携機能によって、発注のあった顧客の信用照会などを自動で完了することが可能になります。

決済が確認できたら直ちに在庫確認を行います。その際、常に在庫差異のない状態をキープしておくことが大切です。この時点で在庫不足が判明した場合、本来であれば直ちに追加発注をかけ、顧客に対する欠品連絡を行いますが、WMSを導入していれば在庫がなくなった段階で自動的にECサイトにその旨が連絡されるので、在庫がないのに発注されるリスクを減らすことができます。一連のプロセスを見てみると、受注管理システムの利用により業務が効率化されていることが分かるかと思います。

仮に在庫があるはずなのに見当たらないとなると、スタッフが倉庫の中を探して回らなければなりません。どこかから見つかればまだしも、結局見つからなかったとなれば、その時間だけ顧客を待たせてしまいます。加えて、探していたスタッフの労力もムダになってしまいます。そのため在庫差異はゼロを保つ必要があるのです。

決済に問題がなく在庫もある場合は、出荷指示を出します。無事に出荷を完了した段階で売上の計上となり、一連の作業が終了となります。実際にはプロセスごとに、さらに細かな作業が必要となるので注意が必要です。

バーコードの重要性

やはり不良在庫をなくすコツは、入荷から出荷までのスピードを速くし、同時に誤出荷を極力抑えることです。さらに、返品対応もそのためのシステムを構築しておき、必ず直ちに対応する仕組みを整え、スタッフの意識も統一しておく必要があります。返品は決してためないルールを徹底するのです。

まず大切なのは入庫時のチェックと検品です。といっても、商品と数量だけをチェックしているのでは不十分です。私たちがアパレル製品の物流代行を受ける場合、製品にシワが寄っていないかなどの細かな品質面までチェックをしています。もちろんその分の手間は掛かっていますが、チェックに必要な時間と、それを怠ったために返品となった場合に必要な時間を天秤にかければ、入り口に時間を掛けたほうがトータルでは効率的です。

これら一連の作業の効率を飛躍的に高めるのが、バーコードです。入庫作業、出庫作業のいずれにおいても、どれだけルールを厳密に定めていても、人が行う限りはミスをゼロにはできません。特に入庫時のミスは、在庫差異や誤出荷につながっていきます。目視での検品では、時に勘違いなどが起こります。しかし、バーコードを読み取れば、間違いがあったときにはエラー表示されるのでミスを防ぐことができます。

しかも読み取ったデジタルデータは、そのままシステムに入力されるためリアルタイムに在庫状況を把握できます。読み取り作業はバーコードにスキャナーをかざすだけでＯＫです。つまりバーコードは倉庫管理で儲けを生み出すうえで要となるツールの一つとなるのです。

意外に知られていない運送費の秘密

物流関連のコストのなかで、見過ごされがちなのが運送費です。とはいえ、選択肢は3つしかないのではと思われます。佐川急便、ヤマト運輸、日本郵便輸送（通称：JP）の3社が主な選択肢となります。一般的にはBtoBなら佐川急便、BtoCはヤマト運輸、あとはメール便の場合はJPと使い分けるケースが多いようです。

ちなみにBtoBが佐川急便で、BtoCならヤマト運輸に限るというのは、業界でいうヤマト神話の影響だと思われます。荷物の扱い、仕事の丁寧さにかけては、クロネコヤマトにはかなわないというのが常識とされていました。

ところが配送業者についてもAmazonが革新を起こしました。かつてAmazonでも配送を担っていたのはヤマト運輸や佐川急便がメインでしたが取扱量が急増するにつれて、荷受単価はどんどん下げられていきました。

その結果、佐川急便はAmazonから撤退し、ヤマト運輸の取扱量もどんどん減っていったようです。そして今では直接契約する配送業者（Amazonデリバリープロバイダと呼ばれます）から、さらにはAmazon Flexと呼ばれるプログラムを立ち上げ、個人事業主に配達業務を任せる仕組みを構築しています。その結果がいわゆる置き配です。これにより配達員が荷物を手渡しするのではなく、指定された場所に置いて帰るシステムが普及しつつあります。

Amazonとしては送料無料をアピールするプライム会員もあるため、輸送費を可能な限り抑えるべく考え出されたシステムだと思います。

実は、輸送費を抑えるのはそんなに難しいことではないのです。しかし、そもそも輸送費を抑えようと考える経営者はそう多くないと感じています。

ヤマト運輸に頼んでおけば安心、顧客に対して間違ったことはしないと思っていたり、佐川急便に任せているのだから、あえて交渉などしなくても運送費は安く抑えられているはず、と勘違いしたりしている社長が多いのも、私たちが相談を受けていてよくある話です。

差し当たってAmazon Flexの置き配が始まって以来、運送費についても価格破壊が起こっています。そのため同じ運送会社に依頼した場合でも、地域により運送費は変わってきます。例えば同じ運送会社でも地域本部のあるエリアでは、価格交渉をしてもそう簡単には応じてくれません。ところがその会社の別の営業所に頼んでみると、驚くぐらいの価格で請け負ってくれるケースもあります。

そんな情報までをつかんで交渉に当たるのが、私たちのストレージプランナーです。ストレージプランナーは運送会社による違いはもとより、同じ運送会社でもエリアごとに異なる運賃体系までを把握しているのです。

運送コストを抑える工夫

意外と知られていないのが、関西から荷物を送るとき、関東までならA社が安くなり、東北から北になるとB社が安いといった運送コストを抑えるコツがあることです。つまり配送先の所在地によって配送料に差がある地域もありますので、より安い運送会社を選んで使い分ければコストは抑えることができます。

個々の運送会社に対して、単にコストを下げてくれと要求するだけでは相手もそう簡単には応じてくれません。ですが、細かい仕分け作業を依頼主の倉庫側で引き受けたり、時には運送会社の配送センターへ荷物を依頼主が持ち込んだりするなどの協力体制を提案すれば、交渉の余地は大きく広がります。

運送会社からすると、集荷作業の手間を減らすことができれば、省力できた分の時間をほかの集荷に使うことができます。このようなwin-winの関係を築いていけるのであれば、互いに納得してスムーズに運賃交渉もできると思います。

２０２４年問題が予想されるからこそ、運送会社とwin-winの関係を強化できるような集荷システムを倉庫管理システムのなかに組み込めば、より有利な条件での運送が可能になり、運送コスト削減、ひいては儲かる倉庫の実現につながっていくはずです。

理解されていない物流現場の実態

自社の倉庫や物流の実態について尋ねると、正直に告白するとよく分かっていないと答える経営者をこれまで多く見てきました。私たちのところに相談に来られる経営者のほとんどが、そもそも自社の倉庫に足を運んでいません。実際に倉庫を見ていないのだから、当然そこでどのような作業が行われているのか、何が問題となっているのかも分かっていないと思います。

人に例えるなら、とりあえず今のところはどこも変調をきたしていないし、自分の体は大丈夫だという程度です。しかし、人は40代を過ぎてくると、あちこちガタが出てきます。放っておくと取り返しのつかない病気に陥るケースもあります。そんな事態は従業員の生活を預かる経営者としてはあってはならないことです。

だからこそ人は、単なる健康診断と違って、検査項目が一気に増える人間ドックを受けているのだと思います。その理由は人間ドックの目的が健康診断だけでは見つけられない不具合の早期発見にあるからです。健康診断の検査項目がおおよそ10から多くても15にとどまるのに対して、人間ドックでは最低50から多ければ１００にまで及びます。それぐらいきめ細かくチェックして初めて、隠れていた問題点を見つけられるのです。

物流現場もある意味、人の体と同じです。できたばかりでまっさらの倉庫なら、基本的には問題はありませんが実際に商品を入出荷するようになると、状況は一変します。ＷＭＳが普及する前の倉庫なら、最初は伝票も手書きで処理していたと思います。それがやがてExcelシートを使うようになり、さらにはなんらかのシステムを導入するようになりました。

この間に倉庫の中には、どんどん商品が運び込まれていき、いつの間にか不良在庫がたまっていきます。それでもBtoBの取引がメインの場合や、BtoCでも従来型の自社店舗販売や通信販売なら、問題は表面化しなかった可能性があります。

ただし、そんな状態のままでＥＣに参入すると、とんでもない状況になってしまいます。想定されるトラブルは、たくさんあるはずです。

・帳簿上は利益が出ているはずなのに、なぜか赤字になっている
・運賃や保管料が他社と比べて高い
・誤出荷が多くて困る
・返品対応に時間が掛かりクレームになる
・帳簿上の在庫と実在庫が合わない
・出荷を時間どおりにできない
・当日出荷しなければならないのに未出荷になる
・特定の人にしか分からない、できない業務がある
・鳴り物入りで入れたマテハン機器が機能していない
・残業が多く、スタッフが疲弊している
・人が育たずにやめていく

これらのトラブルが起きている場合、まずは現状をしっかり点検すべきです。

column

府県ごとの最低賃金と、物流現場に存在する「隠れた料金設定」を意識する

物流業界を巡って、最低賃金と物流コストとの関連性が高いことに、気がついている人は少ないと思います。

法律で決められている今の仕組みでは、最低賃金は都道府県単位で設定されています。47都道府県ごとの地域事情を加味して、それぞれの行政や労働界などから選ばれた有識者で構成する審議会が最低賃金をいくらに設定するかを毎年夏頃までに各地で論議して答申し、設定額が秋頃に決まっていきます。

２０２２年10月に発効となった最低賃金は、東京都が全国最高の１０７２円で次いで神奈川県の１０７１円となっています。関西は大阪府１０２３円、京都府９６８円、兵庫県９６０円、滋賀県９２７円、奈良県８９６円、和歌山県８８９円となりました。

例えば私の住む関西でいえば、人口の集中する大阪や京都、兵庫の2府1県が高い一

方で、都心から離れた県は安くなっています。しかし、最低賃金が適用される範囲はあくまで都道府県ごとですので、南北に細長い形の兵庫や京都で日本海側の市町はそれぞれの府県庁所在地から距離があるにもかかわらず、最低賃金は同じです。

私が特に注目しているのが奈良県の安さです。南北に走る生駒山地を挟んで、西に大阪、東に奈良が隣り合わせの位置にあります。大阪の都心からひと山越えれば到着する近距離で、道路網も充実し、交通の便も良いのに、最も高い大阪と奈良の賃金の差は、127円にも及びます。車で小一時間も掛からない奈良市や生駒市といった、大阪隣接の奈良北西部でベースとなる最低賃金の安さを上手に利用すれば、コスト削減も可能になります。

事業者のなかには、大阪や京都、神戸といった府県庁所在地の都心に倉庫を構えているところも少なくありません。しかし都心の倉庫であればあるほど、土地代や税金はもちろん、維持費が高くつきます。

また物流は、配送業務を仕切る現場責任者の裁量が料金面に大きく作用する世界です。現場の配送責任者の得意先となり懇意に付き合えば、定価とは異なるお手頃価格で運んでもらえるのです。

私たちは、現場責任者同士の交渉も含めて、顧客が常に有利になるよう面倒を見ています。

［第4章］

コスト・手間を減らし儲けを生み出す
〝誤出荷ゼロ〟
業務フロー、商品特性に合わせた
倉庫管理体制を構築する

物流の「匠」であり続けたい

テレビで毎週放送されていた『大改造!!劇的ビフォーアフター』という番組がありました。リフォーム後の物件の映像を流す際のナレーションで「なんということでしょう」というセリフを覚えている人は多いと思います。

この番組は「リフォームで家族の問題を解決します」をキャッチフレーズに、さまざまな問題を抱えた住宅を「匠」と呼ばれる建築家が思いもよらない提案を基に、できる限りコストを抑えてリフォームで解決していくものです。

番組内では感心させられるアイデアがいくつも登場し、Beforeの問題点が解決されて見違えるようなAfterに変身していきます。なかでも真骨頂ともいえる部分を「なんということでしょう」とのセリフとともに番組の終盤で紹介しています。このクライマックスでは、依頼した家族の多くがうれし涙を流すシーンが印象に残っています。

私がこの番組に惹かれたポイントは、リフォームを手掛けるのが、決してゼネコンやハウジングメーカーなどの企業ではなく、あくまでも一個人の建築家である点です。彼らは、みんな現場をよく知り尽くしている匠だからこそ、その家に長年暮らしていた依頼主でさえ気づかないアイデアを出すことができます。さらにそれが暮らしに密着した提案なので依頼主の心に刺さるのだと思います。

こんな匠の姿に憧れる私は、自社の社員を物流の匠に育てたいと努めてきました。そのためには倉庫や物流だけを学ばせるのでは不十分なのです。

リフォームを手掛ける匠たちはいずれも、住宅建築についてはいうまでもなく、その材料からきめ細かな内装までを熟知しています。それに加えて、依頼主から丁寧に話を聞きだし、状況を自分なりに理解してからプランを考えます。

顧客に満足してもらうためには、まず何よりも決してお仕着せにならないことが肝心です。そのうえで、顧客の要望に細かく応えながら親身になって寄り添っていきます。込み入った仕事であるほど丁寧さを貫き、自ら積み重ねてきた経験と培ってきた専門知識、さらに磨いてきた技術を駆使して顧客の要望を具現化していくのです。

顧客である各企業の業種・業態はもとより、実際にどのような商品を誰にどう提供しているのか、隅々まで事前によく理解しておくことが前提です。倉庫管理の基幹システムは100社あれば100通りの対応をしていけるようにカスタマイズしていくべきであり、繰り返したいのは、決してお仕着せであってはいけないということです。

人間ドック並みに精密な倉庫の徹底検査「物流ドック」とは

私たちはこれまで、倉庫や物流改善について数百件を超える相談を受けてきました。その経験とノウハウを踏まえて、物流にとって人間ドックとなる物流ドックというシステムをつくって提供しています。

実際に行う際は、ヒアリングから始めて、倉庫調査とワークサンプルまでを徹底したうえで、その結果を基に診断書を作成して提出します。

ヒアリングは医師の問診に相当します。問診の場合、対象となるのは受診者一人ですが、物流に関しては経営者をはじめとしてマネジメントに携わる人から仕入れ担当、そして現場で作業しているスタッフまでが対象となります。要は、商品の発注、入荷、出荷、売上処理などに関わるすべての人から話を聞きます。そこまで徹底しないと実態をつかむことはできません。

もちろん、これまでに数百社の手伝いをしてきた経験により、私たち独自の経験の蓄積があり、それは社内で共有されています。それでも、新たに依頼を受けた際には安易に経験知を当てはめたりせず、ヒアリングを徹底的に行います。なぜなら業種業態が違えば内情が変わるのは当然として、仮に同じ業種業態でも企業ごとに必ず業務プロセスが違うからです。これはひとくちに40代・男性・営業部長・体重65キロといった人も、その人の体の中の状態が一人ひとり違うのと同じです。

次に行うのが倉庫調査とワークサンプルです。実際に倉庫に張り付いて、そこでどのような作業が行われ、どこに問題があるのかをきめ細かく探っていきます。人間ドックに例えるなら、胃カメラやＣＴスキャン、ＭＲＩを使った検査といえます。

その項目は大きく３つのカテゴリー・10項目に分けられます。まず作業分析については、作業精度診断、入荷生産性診断、出荷生産性診断を行います。続いて保管・物量分析では、保管効率診断、在庫精度診断、スペース・レイアウト診断、動線分析診断を行い、数値分析で、コスト分析診断、ムリ・ムダ・不具合診断、ＡＢＣ分析診断を経て、最終的に診断書にまとめます。

「物流ドック」で明らかになる改善点

これまでの経験からいえば、大多数の経営者は倉庫の実態を数字で把握していません。つまり、どれぐらいのコストが掛かっているかを正確につかんでいないケースが多いのです。もちろん総額としての数字は報告されています。けれども、その内実をきめ細かく尋ねていくと、たいていはそこまでは分からないから現場の担当に聞いてくれとなります。そこで現場の担当者に事細かに聞いていくと、そこはちょっと、とお茶を濁されるケースもよくあります。

だからこそ実態を知るための倉庫調査が必要なのです。まずは保管をメインとする倉

【図表2】 物流健康診断書

2023 年○○月○○日発行　株式会社○○様

	No	診断項目	評価／満点	項目別診断結果
作業分析	1	作業精度診断	8／10	誤出荷率は○ / ○○万と基本的な物流業界における○○ はクリアしているが、アナログでの作業が多く精度の向上にはデジタル管理が不可欠です。
	2	入荷生産性診断	7／10	1h 当たり生産性は○件扱っている商品特性からすると悪くない数値と言えます。
	3	出荷生産性診断	6／10	1h 当たり生産性は 17 件扱っている商品特性からすると平均的な数値になります。
保管・物量分析	4	保管効率診断	8／10	保管エリア稼働率○○%、○○ 稼働○○ %
	5	在庫精度診断	9／10	在庫精度○○%
	6	スペース・レイアウト診断	7／10	梱包エリアのレイアウトは作業効率を考えて設置されていますが、資材関係○表示や使いやすさは今後改善できると考えられています。
	7	動線分析診断	7／10	ピッキングから梱包までの動線は作業性に重視されていますが、商品特性上大物エリアと小物エリアの○○○に発生する動きに改善できるポイントはあります。
数値分析	8	コスト分析診断	7／10	
	9	ムリ・ムダ・不具合診断	6／10	すべてにおいてデジタル管理ができていない商材のため、大きく改善するためにはデジタル管理への移行が不可欠です。
	10	ABC 分析診断	5／10	定着率が悪い商品が多いため、ABC 分析からの保管比率、作業効率の向上は難しいと考えられます。
トータル			70／100	

総合診断結果
全体的にアナログでの検査、検品が多くありその部分での人件費がかかっています。しかし、そのなかで作業性、品質は非常に良く作業場のレイアウト等かなり工夫していると思います。 今後の改善としてはアナログ業務をデジタルへ移行するのがベストと考えられますが、大きな設備投資と人件費がかかると予測され、費用感のバランスを見て慎重に進める必要があります。 商品特性から作業員が男性にしぼられることが多いので人員配置と人員確保も課題としてあります。

項目別診断チャート

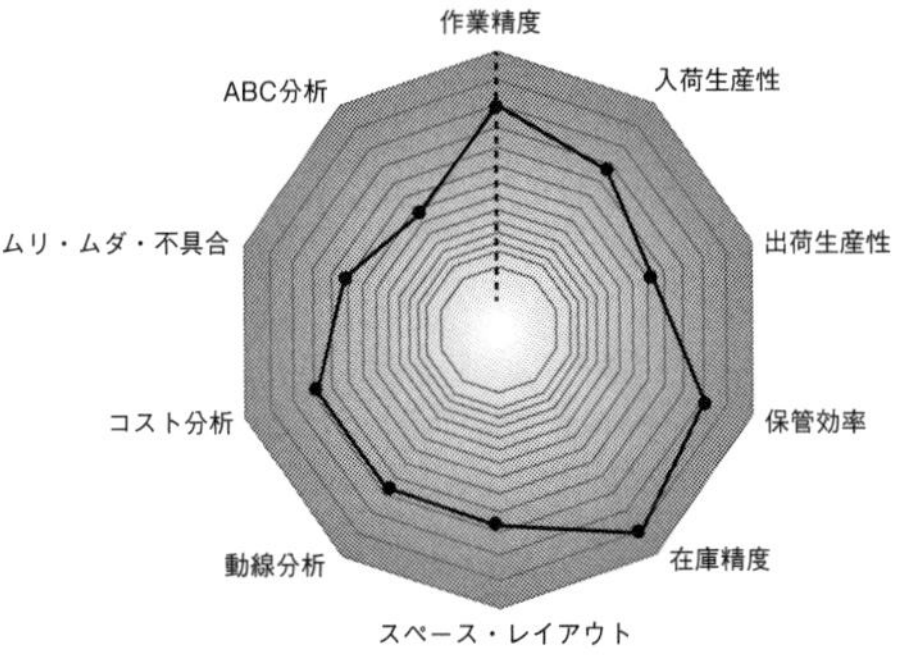

著者作成

庫なのか、保管量は多くない代わりに商品の回転が速い倉庫なのか、を明らかにします。アパレル関係であれば季節変動が多いでしょうし、食品関係なら曜日変動も考えられるなど、ものの動き方は商品特性によって大きく変わってきます。さらに、商品によっては棚への保管方法も異なります。一つひとつ棚に並べておくしかない商品があれば、ある程度高積みできるものもあり、これらは実際に倉庫に行って確認しなければ分かりません。

そのうえで1年間の入出荷量のデータを精査すると、季節変動だけでなく、アイテム数、入出荷数からデッドストックがいくつあるかも明らかになります。さらにスタッフ数から人件費を割り出して経費を積み上げていけば、実際に掛かっている費用を計算することができます。

一連の徹底的なヒアリングなどを基にした診断過程を踏まえれば、たいていの場合、どこに問題があるのかが浮かび上がってきて、顧客がこれまでまったく知らなかったという実態が明らかになってきます。すると「現状、倉庫関連で年間1億円ほどコストが掛かっていますが、ここを改善すれば８０００万円ぐらいになりますよ」といった診断結果を提示できます。運送費用一つ取ってみても、料金が適正かどうかを判断できるだけの資料を私たちはもっています。だから現状が分かれば、直ちに改善提案ができるのです。

例えば梱包に使う段ボールのような間接資材は、仕様も含めて意外にずっと同じものを使っているところが業界では多く、相見積もりも取らず、長年見直されていないことが多いように思います。運送関連のコストは、いかに抑えるのかについて関心を集める一方で、間接資材の価格は経費の盲点になりがちなのです。

それは購入側に選択肢がなかったからです。自社の取扱商品に関しては原価や品質に徹底的にこだわるのに対して、間接資材となるとそこまでシビアに意識していません。そもそも間接資材の仕入れ先などは、長年の出入り業者が決まっているものです。そこが定期的に見に来てくれて、なくなる前にそろそろ補充しておきます、と納品してくれます。それで不自由はしないし、あえて値段をどうこういうほどでもありません。

しかし仮に、段ボール箱の値段が1個10円下がったとすると、年間10万個使っていれば何もしなくても100万円のコスト削減効果が生まれます。

これはほんの一例です。倉庫関連の間接資材にどのようなものがあり、それらの価格がどうなっているのかを相場をきめ細かく理解しているからこそ、その価格が適正かどうかを判断することができます。名医とは何よりも専門知識と経験が豊富で、患部を適切に見極めて最適な処理が行える医師を指すように、私たちも物流ドックにより、倉庫診断から改善の匠を目指しています。

物流WMS「SANTA」はカスタマイズが前提

SANTAとは私の会社独自のWMSで、入荷管理、在庫管理、棚卸管理、出荷管理から帳票やラベル類の発行まで一連の物流関連業務を行うためのシステムです。私の会社で長年使用しているこのSANTAを活用して、誤出荷ゼロ、在庫差異ゼロを実現しています。

　ＳＡＮＴＡはそもそも完成形として存在しているのではなくて、必ずカスタマイズされることを前提につくられています。要望があればどんな顧客でも導入できるのは、カスタマイズしやすいデータベース言語で構成されているという唯一無二の特徴があるからです。そうやって実際にカスタマイズした顧客は１００社以上に上ります。導入して顧客のシステムに適用するまでに掛かる時間もかなり早く、まさに「早い」「安い」「うまくいく」という重要な3要素を兼ね備えているのがＳＡＮＴＡの強みです。

　実際にこれまでに提供してきたなかで、ただの1社たりともまったく同じものはありません。一般の既存メーカーによるＷＭＳではカスタマイズができないため、ＳＡＮＴＡとは決定的な違いがあります。

　その理由は同じ商品を同じ倉庫で管理し、同じ棚を使い、伝票も瓜二つなどという事例は、この世の中にあり得ないからです。業種業態が異なり、その会社がおかれている事業環境も異なるため当然、販売戦略から物流に対する考え方まですべて変わっていきます。そのバリエーションに対して最適な解を導くためにカスタマイズされたＷＭＳを提供する必要があります。

だからこそＷＭＳとしてのＳＡＮＴＡであり、そのＯＳをカスタマイズするのが物流ＳＥなのです。ＳＡＮＴＡの場合、ＷＭＳを入れてから、それに合わせて人が動き方を変えるといった本末転倒な状況は起こり得ません。

逆に現状のオペレーションをつぶさにチェックしたうえで、より効率的に動けて、スタッフの労力も減らせるシステムを実現できます。

ＳＡＮＴＡのシステム連携、ＥＣサイトへの対応

ＳＡＮＴＡの特徴は、ほかのさまざまなシステムとの連携が可能なことです。開発プロセスにおいてもその拡張性を重視してきました。したがって受注管理システムや生産管理システムとも柔軟に連携します。

さらにこれらの基幹システムとの連携に加えて、ＥＣで欠かせないのがネクストエ

ンジンやクロスモールなどの受注管理システム、Shopify・BASE・STORESなどのＥＣプラットフォームとの連携です。ほかにもZOZOTOWNやフルフィルメントby Amazon（ＦＢＡ）、モールの垣根を越えた在庫連携を可能にするDiamond head社のプラットフォームとのシステム連携、中国最大の越境ＥＣプラットフォームである天猫国際、さらには世界中のアパレルを扱うFARFETCHなど、先鋭的なプラットフォームともシステム連携が可能です。

Amazon・楽天・Yahoo!ショッピングなどへ多店舗展開をしている場合であれば、伝票作成やメール対応を一元管理するために受注管理システム、例えばネクストエンジン・テンポスター・CROSS MALLなどがよく導入されます。しかし、これらの受注管理システムを使えば、すべてのＥＣサイトと完璧なシステム連携が可能というわけにはいきません。

実際には、①特定のカートシステムと受注管理システムが在庫連携をしないケース、②企業ごとに定められた特定の状況が発生すると連携が不十分になっているケース、さらには③インスタライブといったライブコマースによる直接販売などではアプリが在庫連携に対応していないケースもあります。

　このような不完全な連携が常態化すると、まず在庫管理の精度が悪化します。そのためサイト上で購入可能と表示されているにもかかわらず在庫不足となった場合は、ユーザーが購入ボタンを押したあとで欠品連絡をしなければなりません。当然ユーザーからすれば、ブランドに対する不満が募ります。そんなユーザーのなかには、ＥＣサイト上で低評価を付ける人もいると思います。

　そこで①から③に当てはまるような状況に陥ってしまったら、ＷＭＳの実データと受注管理システム上の在庫データの差分を独自開発した変換ツールとＷＭＳを組み合わせてデータ連携させればよいのです。このデータ連携により在庫管理の精度をほぼ完璧なレベルにまで高められます。ＳＡＮＴＡはこのデータ連携に対応しています。

システム改修コストも大幅に削減

ＥＣからさらにＥＣへの展開が進むなか、Shopify・BASE・STORESなどのＥＣプラットフォームが提供されるようになりました。これらのプラットフォームを利用すれば、自社サイトでのＥＣを手軽に実現できます。ただし、これらのプラットフォームは安価である代わりに、基幹システムやＷＭＳとの連携はそれほど簡単ではありません。

例えばShopifyを使うメリットの一つとして、外部開発された多様なアプリの活用が挙げられます。これらアプリをうまく活用すれば、自由度の高い独自のＥＣサイトを構築できます。しかし、独特な記述様式が定められており、ＷＭＳとのシームレスな連携を行うためにはきめ細かな調整が必要です。

そんな場合でもＳＡＮＴＡは顧客ごとにカスタマイズを加えたうえで提供するので、Shopifyに限らずさまざまなＥＣプラットフォームとの柔軟なシステム連携が可能です。これによりムダな手間やストレスを感じることなく独自のＥＣサイトを構築できます。

さらにShopifyなどECプラットフォーム側でのシステムの仕様変更や機能追加などがあった場合でも物流SEが直ちにカスタマイズ対応でき、シームレスな連携を実現します。

ほかにもファッション・アパレルに特化したECサイト支援サービスとして知られるのがDiamond head社です。ファッション関連の商品特徴として、カラーやサイズなどのバリエーションの多さが挙げられます。さらにサイト上で商品の魅力を伝えるために、動画を含めた画像も重要な要素となります。こうしたポイントも押さえて提供されるメリットを評価して、Diamond headの在庫連携システムを導入する企業も増えています。

その一方で、既存の受注管理システムとDiamond headのシステムを単純に連携させると、在庫差異が発生するリスクがあります。だからといって受注管理システムとDiamond headのシステムに変更を加えて調整するとなれば、膨大なシステム開発コストと開発期間が必要となります。

【図表3】 SANTAの概要

著者作成

そこでつなぎ役としてＳＡＮＴＡを使用することでカスタマイズによる調整が可能となります。このシステム自体の柔軟性を活用して、私の会社の物流ＳＥが1週間程度できめ細やかにカスタマイズを完了させています。開発期間を大幅に短縮できたため、システム改修コストも同様に大幅に削減されました。

さまざまなシステムと連携できる柔軟性

システム連携によるコスト削減には、配送エリアの運送費が直結しています。さらには発送物のサイズや個口数までの組み合わせを吟味することで、配送ごとに最適な運送会社の選択が可能となります。これらの情報はあらかじめＳＡＮＴＡに格納されているので、それを基に運送会社の選択ができるのです。

一方では、運送会社とのシステム連携に加えて、各運送会社へのメリット提供によるコスト削減も可能です。具体的には倉庫内での仕分け作業を徹底しておき、運送会社の集荷作業時間を減らしていきます。これにより運送会社の時間効率が高まるため、その分のコスト削減に各社が応じてくれます。ＳＡＮＴＡと各運送各社のシステム連携により送り状の添付漏れや添付ミスなどもなくなり、その結果が誤出荷ゼロとなっています。

このようにＳＡＮＴＡは、さまざまなシステムと連携できる柔軟性を備えています。例えば基幹システム系、ＥＣモール系、ショッピングカート系、受注管理系、さらには

BtoC系伝票発行システムまでマルチチャネルに対応可能なので自社のビジネスに最適なシステムと連携すれば、不要なコスト削減につながります。

SANTAが実現するオペレーションコスト削減

さらにSANTAをカスタマイズすれば、倉庫でのピッキング業務も合理的に行えるため、作業動線のムダもなく進めることができます。しかも誰にでも使いやすい仕様なので、大量出荷のときに正社員以外のアルバイトやパートさんが作業する場合でも簡単に使いこなせ、人件費抑制にもつながります。

コンビニエンスストアを思い浮かべるとよく分かると思いますが、昨今では外国人スタッフも多く活躍しています。

同様に物流業務においても、作業員の熟練度に頼る必要がなくなれば、正社員からアルバイトやパートさんへの切り替えが可能です。これにより固定費が圧縮されるだけでなく、季節変動による影響が大きい現場では業務量に合わせて人件費を変動できます。

業務を標準化しておき、基本的に誰でも簡単にこなせるようになると、ほかにも教育コストや採用コストの削減につながります。物流スタッフがほかの業務も兼業できるので、時間が空いたときは、ほかの業務の支援も臨機応変に対応できるようになります。

SANTAを活用する物流改善代行サービス

実をいえば、私たちは物流改善代行というサービスを世に出すつもりは、もともとありませんでした。ところが、あるとき顧客から、立派な倉庫にマテハン機器、物流スタッフもそろっているのに物流がうまくいっておらず、誤出荷や在庫差異、未出荷まで発生して困っている、と相談を受けました。その顧客は著名なコンサルタント会社に相談しても効果が上がらなかったのですが、私たちの会社の物流品質の高さを知り、ぜひとも同じ物流品質と仕組み、システムを自社にも導入できないだろうか、と依頼をしてきたのです。

こうした場合、従来の物流アウトソーシングの手法で改善していく方法が一般的ではあります。しかし、顧客は縁も愛着もある建物を手放したくなく、長年一緒に働いている地元のスタッフにもこのまま働いてほしいという強いこだわりがあり、どうしてもアウトソーシングには踏み込めなかったのです。

そこで私たちは、顧客の物流倉庫と従来のスタッフをそのまま活用して、私の会社のＷＭＳなどのシステムをすべてインストールすることにしました。その結果、顧客の物流を劇的に改善させることに成功したのです。

私たちは顧客の倉庫物流を劇的に改善していくに当たって、さまざまな思いを込めています。経営者にとって一生をかけてかなえたい夢やビジョンを実現する手伝いをしたい、しかも顧客にとって大切な場所で、大切な仲間であるスタッフとともに、心から納得のいく状態で気持ちの良い仕事をしてほしい、そうした思いを込めて、ＳＡＮＴＡを活用して物流改善代行のサービスを始めることにしたのです。

物流の匠であるストレージプランナーが顧客の物流現場を診断し、そこに潜む問題点をすべて洗い出したうえで改善プランを考え、現場に組み込みます。その結果として物流コストを削減し、物流品質が向上します。

まさに結果にコミットする物流改善代行は、結果を出せなければ対価も発生しない、完全成果報酬型のサービスです。確実に結果を出すために単なる提案だけではなく、実行までの全フェーズを代行します。

サービス導入はヒアリング、業務フロー構築、ＳＡＮＴＡのカスタマイズ、現場改善の実施の４つのプロセスで行います。

ヒアリングでは、経営陣をはじめとして社内の各部署からはもちろん物流現場に至るまで、関係するすべての部門の人からきめ細かく話を聞きます。ポイントは、各部署の目から見た現状の物流の問題点に加えて、全社的に考える今後の物流の理想像を描き出すことです。

ヒアリングで得た情報を基に、現状を踏まえながらも理想像を見通した業務フローを構築します。この業務フローからＷＭＳに求められる機能を抽出し、ＳＡＮＴＡをカスタマイズします。そのうえで業務フローとカスタマイズされたＳＡＮＴＡを現場へ導入します。同時に倉庫内のロケーション、保管スペース、作業エリアなどのレイアウト変更も必要に応じて行います。最終的には作業マニュアルや業務マニュアルを作成し、それらを現場スタッフに習得してもらうための研修までも責任をもって行います。スタッフ研修では、全員に「誤出荷ゼロ・在庫差異ゼロ」の実現をインプットします。

その後、全数棚卸を実施し、システム在庫と実在庫の差異をゼロにした状態で、リスタートします。それ以降は顧客だけで誤出荷ゼロ・在庫差異ゼロを実現できるようになっています。

物流センターの運営代行

物流センターの改善代行だけでなく、物流センターの運営そのものを代行するサービスもあります。

例えば新しい倉庫を開設したくてもスタッフ確保のメドがつかないケースや、社内では物流経験者の手配がつかない企業、あるいは倉庫は構えているものの物流業務は本業ではないため方法が分からない、といった悩みを抱えている企業もあります。そこで現状の倉庫を活用しカスタマイズしたＳＡＮＴＡを導入し、物流業務全般を代行します。

このサービスのカギとなるのが人です。豊富な実務経験をもち、物流に関する専門知識をもつ物流の匠であるセンター長を、運営を代行するセンターへ派遣します。センター長は、まず倉庫の現状を把握したうえで、管理業務全般に関するきめ細かなマネジメントを行い、物流改善を実行していきます。これまでに自社で多種多様な業種の物流業務を担当し、誤出荷ゼロ・在庫差異ゼロを実現したベテランのセンター長だからこそ、業務マニュアルの作成からアルバイトやパートさんのＯＪＴまで担うことができます。

物流業務のアウトソーシング

物流センターの運営代行が顧客の物流センターやスタッフを活用するサービスなのに対して、物流業務のすべてを代行するのが物流アウトソーシングです。具体的には私の会社の倉庫内で顧客の荷物を預かり、スタッフが物流業務を代行しています。

アウトソーシングを請け負う際には、顧客ごとに専任チームである「Logi4mation」を立ち上げます。チームを立ち上げたあとは、独自のシートを使って徹底したヒアリングを実施します。項目が１００を超えるヒアリングシートに基づき、経営者のほかにも営業、販売、仕入れ、製造、システム、事務セクションに至る、あらゆる関連部門から話を聞きだします。このヒアリングの結果から顧客ごとに最適な入出荷オペレーション、保管方法および梱包方法など、目指すべき倉庫運営の形を提案します。意識しているのが、物流アウトソーシングありきで物事を考えない姿勢です。検討を重ねた結果として、顧客にとっての理想がアウトソーシングではなく、自社倉庫の継続運営である場合は、あえてアウトソーシングを引き受けることはありません。

実際にアウトソーシングを引き受けた場合には、顧客の業務に最適化された業務フローを作成してから、ＳＡＮＴＡをカスタマイズ構築し、倉庫スタッフに業務フローと業務マニュアルを徹底的に落とし込みます。顧客の荷物を間違いなく扱えるように、毎日現場でＯＪＴを繰り返して正確な作業を遂行できる環境をつくり上げていきます。

その結果が誤出荷ゼロ・在庫差異ゼロの実現へとつながります。実際に私の会社が引き受けた物流アウトソーシングにおける誤出荷率は、０・５ＰＰＭつまり２００万件に１件以下に抑えられています（２０２１年末時点）。このミスには、システムの関係上どうしてもＳＡＮＴＡを使えない顧客の分が含まれています。したがってＳＡＮＴＡを活用した物流アウトソーシングサービスでは、事実上、誤出荷ゼロ・在庫差異ゼロを実現できています。

　結果にコミットできなかった場合、対価は不要とアピールできるのは、この実績があるためです。

column

物流現場へのドローン導入にまつわる違和感

物流業界で最近ドローンを導入しようという動きが加速しているようにも見えることに私はかねがね違和感を覚えています。

ドローンを小型荷物の配送などに活用しようといったアイデア自体は私も理解できますし、だからこそ一部では実現可能なのだろうとは思います。

しかし一般的なドローンが積載できる重量は現状、５キロ程度が限界とされています。重量の重い荷物が圧倒的に多い物流業界のなかでは、ドローンが活躍できる範囲はごくわずかでしかありません。ドローンの導入の必要性を盛んにＰＲしている取扱業者側の宣伝文句によれば、倉庫内にある在庫のＩＣタグやセンサーの読み取り、高所作業時のリスク軽減に効果的、などと強調しているようです。

倉庫の専門知識をもっている私たちから見れば、現段階のドローンではまだ活躍できる場面は限定的で、導入に踏み切るのはよほど困った事情がない限り、時期尚早ではないかと思えます。むしろ料金が高くつくのが明らかな一方で、効果の面でも得るものは少ないのではと危惧しています。同じような疑問は配送サービスの代行を目指すという自動配送ロボットについても感じます。

まだまだ技術面も発展途上でリスクも十分にありそうな段階であるにもかかわらず、目新しさに惹かれて、すぐ飛びつく一部の業界の人たちの感覚も、私から見ればリスク管理の面で無警戒過ぎるように思えてなりません。

［第5章］

コストを下げて物流の品質を上げる！ 儲けを生み出す倉庫管理の成功事例

売上向上につながる攻めのアパレル物流とは

アパレル物流には、特有の難しさがあります。一言でいえばＳＫＵ（Stock Keeping Unit）が飛び抜けて多いのです。ＳＫＵとは在庫管理上の最小の品目数を数える単位を表す用語で、例えば２０００ＳＫＵ、3万ピースの商品を保管しているといえば、２０００種類の商品を合計で3万点保管している状態を意味します。通常、種類が多ければ多いほど注文を受けた商品を探すのに手間が掛かります。

ではこのようにＳＫＵの多いアパレル商品でも、受注が入ると直ちに出荷できるような倉庫運営をするためには何が必要でしょうか。アパレル商品とその事業を進めるうえで必要なポイントを押さえ、適切な業務フローを構築し、フレキシブルに対応できるＷＭＳが欠かせません。

しかもInstagramやTwitterなどＳＮＳの普及に伴い、アパレルのトレンドは細分化されています。いわゆるインフルエンサーの発言一つで、小規模ながら流行が起こります。こうした変化へのスピーディーな対応がマーケティングにも必要であり、当然そうした動きに物流もリアルタイムで対処する必要があります。

特に、今後の普及が見込まれるＥＣでは、顧客と商品との最初のリアルな接点となる物流において顧客体験を高められればブランディングの強化につながります。具体的には顧客が届いた商品を開封するその瞬間こそが、まさに重要なタッチポイントとなります。

パッケージを開いたとき、これまでの購入頻度や購入金額に応じて顧客がまったく予想もしていなかったプレミアムが同封されていたら、顧客の気持ちが動きます。なんかいいなと思ってもらえたら、ブランドに対する好感度は高まります。

各種販促システムとのデータ連携により、顧客属性と過去の購買データを分析したＣＲＭ施策を実現しているアパレルメーカーがあります。顧客の購入状況に応じて１００種類を超える販促チラシ、顧客ごとに文面の異なるお礼状から、購入金額や顧客のペルソナにマッチした販促物の同梱などにより、顧客満足度を高めてブランド力の向上につなげています。このアパレルメーカーに対しては、そんなきめ細かなサポートを実現しました。

また、２０２０年からのコロナ禍は、世界中にさまざまな影響を及ぼしました。そのためにアパレル企業も、甚大な被害を受けました。それまで百貨店やショッピングモールなどでの店舗対面販売がメインだったアパレル企業が、急遽ＥＣ販売を強化するケースも数多くありました。

とはいえ、店舗で売れないからＥＣへ切り替える、というのは決して簡単な転換ではありません。取引先にも、全国の自社店舗や販売委託先から、数十万ピースのアイテムを一気に私の会社の倉庫に集約し、ＥＣへの大転換を図ったケースがありました。

全国の店舗から倉庫に、まさしくバラバラの状態での商品が殺到してきます。これを受け入れるだけでなく、専用の店舗返品システムを完成させて、超短納期でのリバイバル作業と棚入れまでを行ったのです。当然、在庫差異はゼロでなければなりません。ここまでのサポートを実現できた結果、この企業はＥＣでの売上を前年対比で数倍レベルにまで伸ばしました。

膨大な数に上るＳＫＵに対しても適切かつ迅速に対応できる体制とシステムは、アパレル物流において極めて重要なポイントです。

煩雑な返品対応と需要急増への対応

ＳＫＵの数の多さに加えてもう一点、アパレル特有の現象が季節変動です。ファッションアイテムには季節ごとに売れ筋があるため、シーズンが終わると売れ残った商品が店舗から一斉に返送されてきます。特にアパレルの場合、店舗から返送された品は量も種類も多く、整理がとにかく大変なので、収納すべき棚がどこにあるのかを把握したうえで、また出荷できるよう収納しなければいけません。繁忙期になるとそうした整理もできないままに倉庫に返送された品が積み上げられ、結果的に安売りの対象になったり、売れないまま廃棄されたりしてしまうこともあるのです。

しかも店舗販売されていて、そこから戻ってくる商品については、店舗ごとにＳＫＵ

と枚数がバラバラな状態で運ばれてきます。これを受け入れる倉庫では、迅速な検品と棚入れが求められます。これに対応するためには事前の情報入手と効率化されたシステム、さらには万全のオペレーションが必須となります。

また、店舗からの返品はまだしも、ＥＣ販売でのユーザーからの返品対応はますます難易度が高まります。例えばタグの消失、返品伝票がない、返品連絡がデータとして届いていないなど、アパレルＥＣに特有ともいえる問題が迅速な作業を阻みます。

こうした状況に対応するため必要となるのが、あらかじめ顧客の販売戦略やオペレーションに合わせて最適化された返品対応システムです。数多くのアパレル企業が、ＳＡＮＴＡを活用して構築されたシステムを迅速な返品対応に活用しています。ＳＡＮＴＡであれば、返品された商品の正しい収納場所がすぐ分かるので、整理収納にもムダな時間が掛かりません。

アパレルＥＣで返品に加えてもう一点難しいのが、需要急増への対応です。例えば楽天では、定期的に楽天スーパーセールを行います。期間中に買い物をすれば、楽天ポイントを普段より多くもらえるため、そこで買い物をする人が急増します。あるいはPayPayが開催する超PayPay祭でもポイント還元が最大で１００％に設定されているため、買い物をする人が急増します。

その結果、１日の販売数が一気に通常の数十倍となるケースも見られます。こうした状況にも動じることなく対応できるカギを握っているのは、システムだけでなく、実際に作業するスタッフをそろえられるかどうかです。仮に倉庫スタッフを正社員だけでまかなっていては、ニーズの急増には対応できません。常にアルバイトやパートさんとの関係性を維持し、需要の変動に即応できる体制が求められます。臨機応変にシフトを組み替えられる体制が、儲けを生み出す物流には欠かせないのです。

アパレルゆえの特別対応

アパレル業界では、生産を海外の工場に委託するケースが多く見られます。海外で生産された製品について、問題となりがちなのがバーコードです。国外の工場ではバーコードを貼り付けられないケースがあるからです。

誤出荷ゼロや在庫差異ゼロを実現するために必須の情報ツールである大切なバーコードが貼り付けられていない場合は、入荷時に倉庫で新たに発行し、ネームタグや下げ札などと品番を合わせながらの貼り付け作業が必要となります。この作業には細心の注意が必要です。万が一誤ったバーコードを貼り付けてしまうと、そのまま出荷ミスにつながるため、そのようなヒューマンエラーを防ぐには、それだけの仕組みを整えておく必要があるのです。

バーコードのほかにも、ネームタグが商品マスタと一致していない、1つの段ボールに数十種類の商品が同梱されている、工場からの入庫連絡フォーマットが事前に取り決めたルールどおりに徹底されていないなどが挙げられます。海外の工場からの入荷時には、国内工場からの入荷時にはない、注意深さが求められます。

一方アパレル業界で最近増えているため、物流サイドでの対応が求められるのが、オムニチャネルやOMO（Online Merges with Offline）です。オムニチャネルとは、実店舗、アプリ、カタログからＥＣサイトまで、顧客のあらゆる接点において、最適な購買体験を提供するマーケティング手法です。

ＯＭＯもこれに近い考え方で、オンラインとオフラインの境界線をなくして、ユーザーの購買体験向上を目指す手法です。私の会社でも、婦人用の靴を販売しているアパレル企業から、次のような要望を受けました。

店舗に在庫がない商材を顧客に求められた場合、物流センターから迅速に取り寄せ行う必要があります。ただし店舗には外部からの派遣スタッフが多く、情報管理上これらのスタッフが基幹システムにアクセスするのは避け、スタッフの手を可能な限り煩わせない方法で、出荷対応できるシステムを提供してもらえないか、とのことでした。

要望を受けて、品番や店番コードなどについて予備知識がなくても使いやすい画面設計から機能設計までを、基幹システムではなくＳＡＮＴＡに実装しました。この体制であればスタッフはＳＡＮＴＡを使うだけでよいので、基幹システムに触れるリスクが発生しません。

もちろんSANTAは、この顧客専用にカスタマイズされています。すなわち引き当てる在庫については、店舗用在庫から優先的に当てるため、基本的にEC在庫からも店舗用在庫状況をシェアできる状態にしておきます。EC販売での欠品リスクを考慮し、店舗用在庫がゼロとなりEC在庫が特定値を下回った時点で、取り寄せできないようにするなどの対応策を加えています。その結果、販売の機会損失が減少して値引き販売を抑えられるようになり、収益アップを実現しています。

アパレル事例紹介：アパレルでのEC展開サポート

A社は海外発祥の人気ブランドの日本における販売代理店を任されています。A社はこれまでずっとリアルビジネスを手掛けていましたが、新たな事業展開に伴い、EC販売の開始に取り組みました。商品を仕入れてECサイトで販売するのは、初めての取り組みとなります。そこで最後まで残った課題が物流とシステムの整備でした。

なにしろ初めてのことばかりであり、物流業者も複数社に声を掛けて検討を進めていました。そんななかで私の会社に対しては、現状の課題を正確に把握し、自社の悩みも分かってくれている点に好感をもってくれました。さらには物流の構築だけでなくオリジナルデザインの梱包資材を提案するなど、ブランディングまで含めてサポートする姿勢を高く評価されました。

ＥＣサイトについてはShopifyでの運営が決まっていました。ただし、Shopifyではプラグインするのに最適なアプリ選定や商品マスタの登録、設定作業などに戸惑っており、さらにShopifyに標準で実装されている機能では、運送会社の送り状番号を取り込めない問題もありました。

そこで、アプリ選定まで含めて対応し、ShopifyとＷＭＳのシステム連携や事前設定を含めたテスト運用を実施して本稼働に備えました。ＣＳＶファイルの形式やデータの吐き出し方法など、Shopifyと日本の仕様やルールが異なる点にも対応し、問題発生を防いでいます。

さらに商品入荷でもきめ細かな対応で問題発生を未然に防ぐことも可能です。例えば入荷の際に段ボールが破れて、商品の袋にシワができていたケースや、違う商品のタグが付けられていたケースもありました。こうしたトラブルに対しては、袋を入れ替えたり商品をたたみ直したりするなどきめ細かく対応しています。同時にこのようなトラブルを出荷元にレポートした結果、袋の汚れや破損、タグの付け間違いなどの発生率が、当初の5％程度から3％程度にまで改善されています。

その会社からは「運用開始から1年以上が経過し、本当にただの1件も誤出荷・在庫差異・未出荷が起きていないのが驚きであり、ムダな出費を抑えられとても助かっています」とのコメントをもらっています。

アパレル事例紹介：ＳＡＮＴＡを活用して細かくセグメント管理

Ｂ社は基本的に自社店舗で販売し、販売状況に応じて各店舗から倉庫に商品を戻し、それらを自社サイトでネット販売しています。店舗からの返品には、次のような問題がついて回ります。まず商品タグやバーコードが取れた状態の商品が一定量発生します。加えて品番がバラバラの状態で段ボールに入って送られてくるのです。

とはいえ、こうした商品を直ちにネット販売できるように整えないと販売ロスが生じます。そのためにはタグの付け替えを行い、棚入れをする過程でスピード感が求められます。このような状況に対応するため、ＳＡＮＴＡには特に返品から棚入れまでの生産性向上を意識したカスタマイズを行いました。同時に、店舗ごとに返品予定数と実際の返品数の差異を計測し、情報として速やかに提供できる機能も搭載しています。

Ｃ社は自社店舗と卸先、ＥＣショップの３つのチャネルで販売しています。Ｃ社からは基幹システムの制約への対応と、ＥＣにおける欠品防止を要望されました。そこで店舗販売とＥＣ販売の在庫区分をいったんシステムで切り分けたうえで、在庫の一元管理を行うシステムとしています。新商品の初回の店舗振り分けについては、特にスピード感が求められるため、通常のピッキング方法に加えトータルピッキングを搭載しました。これにより棚入れ前に商品をまとめて、正確な振り分けを実現しています。

また、Ｃ社では一部の卸先に対して、入金があるまで商品を発送しない運用を取っているため、発注を受けた時点では発送はせずに、ＳＡＮＴＡの画面上で商品が確保された状態で運用できるようにしています。ほかにも新商品を未出荷商品と呼ぶなど、特有の言葉の使い方をしています。したがってＳＡＮＴＡの画面上でも、そうした社内用語を踏襲し、可能な限り現場がストレスなく作業できるカスタマイズを施しています。カセット（＝衣料品店の陳列場所）についても、ほかのアパレル企業よりも非常に細かい単位（例えば季節だけでも9パターンに分類）での作成が求められます。したがってＳＡＮＴＡをそのような細かいセグメントで管理できるよう設計しています。

アパレル事例紹介：物流委託によりモール数12倍、EC売上10倍を実現

D社は2006年から、インターネット通信販売を開始しました。当初は自宅の一部屋を仕事場とし、メールや電話への対応から梱包作業までを創業者が一人でこなしていました。その後、量販店にはないニッチでかわいい商品企画が顧客の心をつかみ、EC販売は右肩上がりの成長を遂げます。今では大きいサイズ専門店をはじめとして、Amazon、楽天、Yahoo!ショッピングなどの多くのECサイトを展開し、20数店舗を運営するまでに成長しており、大きいサイズのレディース専門店では日本一の商品数を取りそろえています。私の会社とは2010年から、物流アウトソーシングでの取引がスタートしました。

D社のブランドはSから11Lまでの13サイズで展開されています。そのうえカラーバリエーションが多いものでは16カラーもあるなど、アイテム数がとても豊富なため、納品してからの交換希望が非常に多いのが特徴です。

ＥＣ販売ではどうしても、手元に商品が届いて手に取った段階で、素材の違いによりいつもとサイズを変えたい、カラーをもっと明るめにしたいなどの要望が出てきます。Ｄ社ではこうした交換の要望に対して何回でも応じるサービスをアピールし、購入時の心理的ハードルを下げる工夫をしています。

通常のショッピングサイトでは、あらかじめ決められた返品交換のルールに沿って顧客が手続きをしないと返品交換に応じてもらえず、非常に時間が掛かるのが一般的です。これに対してＤ社では納品書など返品交換に必要な帳票類がそろっていないなど返品対応がルールに則っていない場合であっても、電話やメールなどで丁寧に応対してスムーズな返品交換を実現しています。顧客本位の対応が、結果的には売上の増加につながっています。このような難易度の高い返品対応を可能にしているのが、私の会社の物流ＳＥが、独自の返品処理システムを個別にオーダーメイドで構築する返品処理体制です。

事前連絡や返品交換用の必要書類が手元にない場合でも、専用の返品システムを活用し、20を超えるＥＣモールのなかから返品商品の購入履歴を検索するなど、元商品の棚入れと交換用商品の発送をスピーディーに実現しています。

どうしても次のデート日までにワンサイズ小さい色違いのワンピースが欲しいなどの交換オーダーにも対応できます。顧客満足度が高まるのは当然であり、それが売上の伸びに反映されています。

特別な許可や対応が求められる化粧品物流

輸入化粧品の一時保管や日本語の表示ラベルの貼り付け作業など、化粧品の物流に携わるためには、化粧品製造販売業許可が必要です。単に化粧品を一般の小売店で販売するだけなら、このような許可証は不要です。しかし、製造や製造販売にかかる場合には、第三種製造販売業許可に相当する化粧品製造販売業許可が必要となります。

輸入品に関する薬機法（改正薬機法）により、ラベル貼り替え対応、品質検品、充填作業などの流通加工を行うためには、この許可が必要です。ちなみに医療品関連を扱うためには「医薬部外品製造販売業許可」「高度管理医療機器等販売業・貸与業許可」などの許認可取得も必須とされています。薬用化粧品は医薬部外品となるため、その物流を担う業者にもこうした許可が求められます。

化粧品製造販売業許可を取得していると、輸入化粧品が税関を通過したあとの「市場出荷合格判定」が下りる前段階での物流管理が可能となります。さらには化粧箱への詰め替え、証明書の封入、法律で定められた成分ラベルの貼り付けなどの流通加工対応も、物流センター内で完結できます。

特に海外からの輸入品によく見られる、化粧箱やパッケージの凹みや破損があった場合も物流センター内で対処できます。許可証を取得していると、倉庫内で外箱の交換や新しい商品との詰め替えなどの対応ができるからです。

ただし許可証を取得するためには、さまざまな要件を満たす必要があります。例えば防塵、防虫、防鼠に加えて保管場所で温度管理と湿度管理ができること、直射日光が当たらないことなどが必須条件となります。

また、化粧品物流においては、品質はもとより梱包にこだわって差別化したいと考える事業者が多くいます。例えば緩衝材の色をピンクでそろえるだけでも、パッケージを開けたときの顧客の印象は違ってきます。季節によってはラッピングの際に桜の花びらを添えるのも一案であり、オリジナルの資材やシールを用意する企業もあります。

こうして梱包にほんのひと手間を加えると、カスタマーエクスペリエンス向上の可能性が高まるからです。実際、梱包についてある調査によれば、20～50代の化粧品ユーザーの約7割について、高品質な梱包をしているショップからリピート購入する傾向があるという実態が明らかになっています。

ある顧客からブランドの世界観に浸ってもらえるような上質で洗練された梱包やラッピングにしたいと要望を受けたときには、リボンを配置する位置、飾りタグの種類や枚数から緩衝材の膨らませ具合に至るまで、顧客と20回を超える議論を重ねました。そこでのフィードバックを基に改良を加え続けた結果、満足のいくラッピングを実現できました。ブランドイメージを体現するこだわりのラッピングは、購入者からは好評なようです。

化粧品物流でコストを下げるコツ

化粧品を扱う際にコスト削減のカギとなるのは、梱包サイズの最小化と持続的な運送コストの削減の2つです。化粧品物流ではまずＳＫＵ数が膨大な数となります。さらにＥＣ販売だけでなく卸先となるエステサロンや美容クリニックなど発送先も多岐にわたります。こうした状態に何も対策を施さないと、配送コストはいたずらにかさむ一方です。コストアップを防ぐためには、梱包サイズの最小化や資材を最小限に抑えるなどコスト圧縮に努める必要があります。

最適な梱包サイズや梱包資材の検討に関しては、数学的なアルゴリズムに基づいて自動選択してくれる分析ソフトがあります。商品サイズのばらつきがそれほど大きくない場合は、こうしたソフトを活用すると効率的なケースもあります。とはいえ、化粧品のように多様なサイズや形状が混在する場合は、ソフトに頼るよりも実際に作業するスタッフが、形状・サイズ・組み合わせを考えて微調整を加えるほうが精度が高まるケースも多くあります。

その際に切り札となるのが、過去の注文データです。蓄積された注文情報と使用した段ボールのサイズデータに基づくシステム予測を参照しながら、リアルな情報を加味して段ボールの大きさを判断すると精度が高まります。

それでも想定していたものでは過剰な緩衝材が必要となるなど、ムダなすき間が発生するケースがあります。その際にはサイズの小さな段ボールへと商品を移し替える、もしくは周囲に切り込みを入れて高さや奥行きを短く調節する、サイズ調整機能付きの段ボールを使用するなどの対応を取れば、梱包サイズを最小化でき、ムダなコストを最小限に抑えられます。

コスト削減に関するもう一つのポイント、運送コストの削減についても、工夫の積み重ねが重要です。具体的には、梱包サイズやエリア情報を倉庫管理システムに登録し、運送会社にリアルタイムで提供します。エリアごとに商品をあらかじめ仕分けし、ドライバーがトラックに積み込みやすい状態に用意しておくなどの対応策を実施しています。

こうした工夫の積み重ねにより、積み込む商品をドライバーが探す手間など運送会社の荷待ち時間を極力減らしたうえで、運送会社にコスト削減の協力を要請すれば、互いにwin-winの関係を構築できます。

誤出荷の許されない化粧品物流

化粧品物流でもう一点、決定的に重要なのが誤出荷をゼロに抑えることです。なぜならたった一度の誤出荷が事業者にとって命取りになりかねないからです。

基礎化粧品は直接肌に触れる商品です。あるいは美容サプリなどは経口摂取により、ユーザーの体内に取り込まれていきます。仮に注文とは異なる商品を送ってしまうと、ブランドイメージが低下するのはもちろんのこと、発疹や炎症など化粧品かぶれを起こし、ひいては肌の状態の悪化や体調不良にもつながりかねません。万が一、そのようなトラブルを起こしてしまうと、最悪の場合は裁判沙汰になる恐れもあります。化粧品物流においては、誤出荷ゼロが絶対条件ともいえます。

とはいえ、この条件をクリアするのは決して容易な課題ではありません。化粧品物流もアパレル同様にＳＫＵ数が非常に多くなります。また、化粧品の場合は同じＳＫＵであっても、製造・入荷時期により使用期限が異なります。これらを正確に区分するためには、たとえ同じＳＫＵでも使用期限ごとに保管区分を分けて管理し、厳密な先入れ先出し対応が欠かせません。同時に在庫の少なくなった商品は、スペースの小さなロケーションへ移動させ、荷動きの多い商品は手前の取り出しやすいロケーションに置くなどのきめ細かな倉庫内調整が必要です。

また、シビアな検品も重要な作業項目となります。具体的には目視検品と触手検品を行います。目視検品では化粧品容器のキズや汚れ、異物混入、印字ラベルの欠けやズレを目視で確認します。さらに触手検品では化粧品キャップと容器の締まり具合を実際に触って確認し、液漏れなどが起こっていないかをチェックします。液漏れなどを起こすと衛生面で問題が起こり、品質低下にもつながりかねません。誤出荷ゼロはもちろんのこと、不良品を出荷しないためにも細心の注意が求められます。

セール期間の出荷件数が2・5倍に

化粧品を扱うE社はネイル関連の問屋業を営んでいます。以前は物流業務をアウトソーシングしていましたが、誤出荷や在庫差異、未出荷が頻発していました。在庫管理がうまくできていないためにシステム上には存在している商品を取りに行っても、置かれているはずの棚に該当する商品はなく、倉庫内を探しても見つからないという問題が起こっていました。

そのような状態のなかでは出荷作業や加工作業の遅れが慢性化し、入出荷の変動にスムーズに対応できないのはいうまでもなく、さらには注文された商品を直ちに出荷できないなどの問題も起こっていました。そのためセール期間中などは、せっかくの販売チャンスにもかかわらず、１日の出荷数に上限を設けているような状況で、アウトソーシング先に対する不満が高まっていたのです。

そんなとき、たまたま私の会社の倉庫見学会に参加したのです。そこでＥＣ物流センターを見て、それまで見てきた倉庫との違いを感じてもらいました。その違いは次の３つでした。１つ目が入出荷に制限のないことです。以前のアウトソーシング先では、担当スタッフの数に限りがあるため、入出荷量もその制限を超えることは許されていませんでした。２つ目が自社開発のＳＡＮＴＡによるきめ細かな在庫管理を行うことです。そして３つ目が徹底した現場主義です。

その後は１００項目を超えるヒアリングを行い、さらには以前のアウトソーシング先へも、ストレージプランナーが足を運んで現状の運用をきめ細かくチェックし、そこで起きていた問題を細部まで把握しました。その結果、新たな業務フローとシステム開発から、移管の段取りまでをスムーズに行えています。

そしてアウトソーシング稼働後は、倉庫に在庫さえあれば当日出荷１００％を実現しました。実在庫の報告を毎日行っているため、仕入れ数量の適正化が可能になりました。

さらに、本稼働開始から2カ月目にセールを実施します。セールでは売上ベースで通常の10倍の受注となります。これに対して以前のアウトソーシング先では最大220件にとどまっていた出荷件数を550件まで対応し、誤出荷ゼロに抑えています。出荷件数が2・5倍に増えた結果は当然売上に反映されています。

このアウトソーシングの成果を踏まえて、E社では今後、ECの展開を視野に入れています。

製薬会社の特殊技術を活かした化粧品販売

F社は医薬品と化粧品の製造販売を手掛けています。そのなかでは、ホームケア用の美容シートなど製薬会社ならではの特殊技術を活かした化粧品も扱っています。

これらの化粧品を扱うには、化粧品製造販売業許可が必要です。以前からこうした許可をもつ物流企業にアウトソーシングを依頼していたものの、きめ細かな販促などで思いどおりの対応をしてもらえない点に不満を感じていました。

もともと医薬品や化粧品などの他社ブランドを製造するＯＥＭをメインで手掛けており、ＯＥＭと卸売業者のBtoB取引については自社工場から出荷していました。そのうえで自社ブランドの化粧品についてＥＣを開始したのです。もとより新たな取り組みであるため、物流はアウトソーシングしていたものの、販売量の増加に伴った誤出荷などの問題が起こるようになっていました。さらに自社サイトでは定期販売を行っており、購入回数に応じて同梱するチラシやノベルティーを変える企画を立てたものの、アウトソーシング先では確実な対応ができていない状況だったのです。

そこで化粧品製造販売業許可をもつ私の会社の倉庫見学会に来て、以前のアウトソーシング先との違いを実感し、改めて依頼がありました。

以前との第一の変更点は、ＳＡＮＴＡの導入による一括デジタル管理を実現した点にあります。せっかく製品にバーコードが添付されているにもかかわらず、以前の物流業者ではデジタル管理を行っていないために、情報のやり取りもＦＡＸや電話が使用されていました。そのためにヒューマンエラーが発生し、誤出荷につながっていたのです。

Amazon・楽天・ポンパレモールなど複数のネット通販を行うなかで、以前は受注や保管商品の管理などをそれぞれ別の管理画面で行っていました。そのために余分な手間や時間が掛かります。これを改善するため、私の会社がネクストエンジンというシステムを提案して導入、ＳＡＮＴＡとの連携を行った結果、受注や在庫管理、出荷・配送作業などを一つの画面で管理できるようになっています。

自社サイトでは定期販売用の受注管理システム「たまごリピート」を使用していましたが、ネクストエンジンとの連携ができていませんでした。そこでＳＡＮＴＡに情報を取り込めるようカスタマイズしたところ、販売量に比例して増加した返品対応もシステム化でき、正確な返品管理が実現可能となりました。

100%ノーミス、特別な対応が必要な医療機器物流

一般医療機器から高度管理医療機器までを扱う場合には、高度管理医療機器販売業・賃与業や医薬部外品製造業などの専門資格に加えて、医療機器ならではの業務オペレーション、具体的にはロット管理や法定ラベル貼り付けなどにフィットした物流システム構築が求められます。何より人の命を左右する医療機器物流においては、100%ミスしないことが最優先の課題となります。

医療機器事業者からよく聞かされるのが、既存の基幹システムを変更すると、受発注などの業務オペレーションが大きく変わってしまうため、物流アウトソーシングを検討できないとの問題です。とはいえ、これはＳＡＮＴＡなら問題とはなりません。なぜならシステム変更の際に、顧客のシステムを合わせる必要などまったくないからです。

ＳＡＮＴＡは受発注システムや生産管理システムにフィットする形でカスタマイズするため、現状の仕事のやり方（基幹システムのデータのもち方、病院からの受注フ

ロー、医療メーカーへの発注ルールなど）を何一つ変えることなく、効率的な入出荷や精度の高い在庫管理を実現します。

また、医療機器ではロットが違えば商品が違うといわれるほど、厳格なロット管理やシリアル管理が必要とされます。薬機法においても、医療機器の安全性やリスク管理のために、トレーサビリティ管理（どのロット／シリアルナンバーの製品がいつ、どこに出荷されたのか）が義務付けられています。

これらを踏まえたうえで、私の会社の医療機器物流では、さらに一歩踏み込んだ対応をします。一つの出荷先に対して複数のロットがまたがらないように、システム上で引き当てを制御することや原則先入れ先出しで出荷しつつも、特定の納品先については別に定めた消費期限をもつ商品を優先的に引き当てるといった、きめ細かな対応を実現しています。機器の滅菌有効期限などの管理や使用回数のトレーサビリティなども含む、細かな条件設定のシステム組み込みにも対応しています。

医療機器卸では、まったく同じ商品でも仕入れ単価が頻繁に変わることもあります。

こうした状況に対しては、二次元コードやバーコード読み込みによるロットや消費有効期限の管理を行います。さらに商品入荷時に〝伝票上の単価データ〟と〝基幹システムから抽出した発注データ〟を突き合わせ、金額のチェックまで自動的に行う仕組みも構築しています。

また、私の会社は「医薬部外品製造業」や「高度管理医療機器販売業・貸与業」といった許認可を取得しています。そのため出荷可否判定をシステム上で明確に区分し、法定表示ラベルの貼り付け、付属品の確認や添付文書の封入などの流通加工対応も物流センター内で完結できます。

ＩＳＯ　１３４８５やＱＭＳ省令などに基づいた高い品質マネジメントも実現しているので、医薬部外品となる薬用化粧品やさまざまな医療機器（クラスⅠの一般医療機器からクラスⅢの人工呼吸器やクラスⅣの生体内移植器具）など、幅広い商材の取り扱いにも対応しています。温度や湿度の変化に弱い医療機器については、空調整備と24時間体制の温度管理によって、故障のリスクを極小化し、常温・室温・冷所など、日本薬局方の通則に則った管理を行っています。

医療機器物流に最適化された体制

医療機器を扱う顧客に喜ばれるのが入荷即出荷です。これを実現するために必要なのが、管理体制のデジタル化です。当日の入荷分からその日の出荷分を切り分ける際に、アナログ管理で対応すると誤出荷の元です。特にまったく同じ種類のアイテムで入荷数だけが異なる場合やロットや消費有効期限だけが異なる場合、取り違える可能性が高まるからです。

こうしたミスを防止するためにデジタル管理を徹底します。具体的にはロケーション管理を徹底し、入荷したすべての商品において、基幹システムから抽出した発注データとの紐づけをＳＡＮＴＡで行います。その結果、ＧＳ１データバーやＧＳ１－１２８などの医療用医薬品バーコードを専用スキャナーで読み込むだけで、当日に出荷すべき商品と倉庫内に棚入れする商品に正しく仕分けられるようになります。

当日出荷する商品については、入荷時のバーコード読み込みにより、画面に表示されたロケーションに商品を格納した時点で、出荷工程も自動的に完了となるようにプログラムされています。所定のロケーションにいったん入庫し、再びそのロケーションから取り出して出荷する手間と比べれば格段に効率の良い出荷となり、出荷リードタイムが数日短くなったので取引先からの信頼度が高まったと評価されています。

医療機器物流の場合は一般的に、ドライバーが担当エリアのディーラーや医療機関ごとに商品を配送しています。そのため通常の物流センターでは、検品を終えた商品のなかから、伝票を1枚1枚見て担当先の注文分を探し当てたうえで、配送しやすいよう仕分ける必要があります。担当する出荷先が多い場合、この確認作業はドライバーにとって大きな負担となります。

そのような負担を軽減するため、ドライバーが作業しやすい状態（倉庫内で事前にドライバーごと・出荷先ごとに色看板と仕切りを入れることで商品を仕分けるなど）にしておくことを徹底しています。その結果、私の会社の倉庫ではドライバーの確認の手間が激減し、誤出荷による再配達がゼロになるなど物流コスト削減につながっています。

医療機器は注射器のような小さいものから、ＣＴやレントゲン装置など大型のものまで多岐にわたることに加え、注射器であればシリンジ（注射筒）の形や内容量ごとにすべて異なるＳＫＵとなるため、細かな在庫管理を必要としています。また、薬機法やＩＳＯ　１３４８５などで定められた基準に基づく保管方法や業務オペレーション（温湿度管理、超音波での洗浄、クリーンルームでの無菌バリア包装など）が求められます。したがって、ほかの商材と比べると医療機器の物流コストは高くなるため、コスト削減は極めて重要です。そこでコスト削減については、３つの施策で対応しています。

第１は保管コストの圧縮です。医療機器は適切な温湿度帯での管理に加え、ロット管理や消費有効期限管理が必須となります。そのため同一商品の保管スペースは広がっていく傾向にあります。そこでこれらのステータス情報をシステム上で一元管理し、保管場所を物理的に分けることなくロットや出荷判定前後を区分し、保管スペースを圧縮しています。

第2は作業コストの削減です。一般的に医療機器については、高度な知識やノウハウを身につけた専門チームによって倉庫管理が行われるため、人件費が高くなりがちです。しかし、医療機器物流ならではのオペレーション（トレーサビリティ管理や包装表示作業など）に必要な機能やパラメーターを倉庫管理システムに実装しておけば、入社間もないアルバイトでも確実に作業できるようになります。その結果、引き継ぎコストや教育コストも抑えられています。

第3は運送コストの圧縮です。顧客から、ドライバーが担当エリアのディーラーや医療機関ごとに商品を仕分けたあとに配送しているが、その仕分け作業をなくしたいとの相談を受けました。そこでシステム側で新たな管理項目を追加し、ピッキング機能を拡張しました。その結果、物流センターで出荷先・診療科・医師など事前に仕分けるようになり、ドライバーの拘束時間を大幅に削減して運送費用の圧縮を実現しています。

食品・飲料のオンライン販売に求められる物流

さまざまな業界がオンライン販売に乗り出すなかで、食品・飲料業界のＥＣ化率は低いままにとどまっています。経済産業省が２０２１年７月に「令和２年度産業経済研究委託事業（電子商取引に関する市場調査）」を実施し公開したデータによれば、食品・飲料・酒類業界のＥＣ化率は約３・３％であり、物販全体のＥＣ化率約８・１％と比べると大きな差があります。

食品関連のＥＣ化率が低いままにとどまっている理由は、まずはその商品特性にあり、ひいてはそれに伴う流通の変動なども影響しています。

例えばお菓子などは常温での保管が難しく、なかには一定温度での保管を求められるものもあります。チョコレートやキャラメルの場合は、19〜20度の間での保管とシビアな温度管理が求められています。こうした条件に対応するためには、24時間の温度モニタリングシステムが欠かせません。そのうえで夏場は冷気が漏れないよう、スイーツ・

お菓子の保管エリアは追加でシャッターを閉め、温度変化の発生を防ぐなどの対処が必要です。

スイーツ・お菓子などは季節変動の大きさも特徴です。具体的には10月から4月にかけては、ハロウィン、クリスマス、年末年始、バレンタイン、ホワイトデー、ひな祭りや卒業式、入学式などイベントが続く繁忙期です。また、スイーツ・お菓子業界では、世界最大級のチョコレートの祭典「サロン・デュ・ショコラ」など、出荷数が極端に伸びるイベントが多く催され、このような場合には、入出荷制限なしで対応できる体制が求められます。さらにイベント時に欠かせないギフトラッピングや熨斗《のし》などへのきめ細かな対応が、利益率の向上につながります。

お菓子の物流では色合いを意識した詰め合わせ、パッケージの細部まで意識した並べ方、ブランドの世界観を体現するラッピングなど、質の高い包装や梱包も売上向上につながる施策となります。例えばこだわりが詰まったビスケットや紅茶をエンドユーザー向けに販売している事業者がいます。その会社では、ブランドイメージを非常に大切にしており、丁寧かつ過剰包装にならない梱包にしたいとのリクエストが寄せられました。そこで使用する緩衝材やラッピング資材などについて繰り返し協議を重ね、最適なものを用意した結果、ＥＣショップのレビューやTwitterなどのＳＮＳで非常に高い評価を得られるようになりました。ＥＣにおいては、このようなＳＮＳでの評価は売上に直結するため、その販売量が委託当初に比べて2倍以上と飛躍的な伸びを実現しています。

物流改善により働き方改革を実現

京都府内にあるＧ社は大正時代の創業で、歴史あるブランド食材を飲食店などに卸販売しています。飲食店対応の宿命ともいえる作業が、深夜から早朝にかけての顧客対応です。飲食店の多くが閉店後に発注をかけてきます。電話やＦＡＸなどで寄せられた注文を早朝に確認し、飲食店の開店準備に間に合うように配達する。商品の出し入れも含めて人に頼らざるを得ない業務となりがちであり、その結果が特定の社員のスキルに依存する属人性の高い業務となっていました。

こうした状態が続くと、やがて誤出荷や在庫差異が頻発し、その対応のためにさらなる労力が必要となってしまい、まさに負のスパイラル状態です。それでも経験豊富な熟練スタッフが早朝からその日の準備にかかり、夜遅くまで翌日の準備を整えるなど、まさに人に頼った体制でなんとか日々の出荷業務を回していました。何度も物流業務の改善にトライしましたが、慢性的な保管スペース不足と設備の問題、改善にかかる現場の人員不足などで実現できなかったのです。

そんななか、たまたま私の会社の倉庫見学会に参加します。そこで悩みを相談した結果、まるでうちの会社の悩みをずっとかたわらで見ていたのではと思われたそうで、顧客がおかれている状況や問題点を理解したうえで、打開策を一緒に考える点を評価してもらいました。

そこで物流コンサルティングとＷＭＳの導入を引き受けました。しかし、歴史ある会社だけに従来のやり方を一新するのは、決して簡単な作業ではありませんでした。それでも結果的には作業から属人性が取り除かれた結果、これまで熟練スタッフしかできなかった作業をアルバイトがこなせるようになり、早朝出勤や深夜残業をする必要がなくなったのです。

ベテランのスタッフには、これまでの経験を活かした新たな仕事を任せられるようになり、社内の活性化にもつながっています。

「真っ直ぐにする」哲学を徹底する

日本の銀行ではたった1円でも現金が合わない場合、行員が外へ出ることは許されないと聞きます。たった1円ぐらいと気を許した瞬間からタガが外れます。やがて1円が10円に、10円が１００円にと増えていき、いつの間にか合わなくても当たり前といった雰囲気が出来上がってしまいます。そのような気の緩みを許さないため、たった1円に徹底的にこだわるのです。

倉庫管理にもまったく同じ考え方が当てはまります。私の会社は40年超の歳月をかけ、ただの1件でも誤出荷を許してはいません。そのため必ずルールどおりに行動する意識を正社員はもちろん、すべてのアルバイト・パートさんへも徹底して指導しています。

すべての従業員に対して、私の会社にとっていちばん大事なことは何かと尋ねれば、誤出荷を出してはいけないことだと答えます。誤出荷ゼロこそがすべてに優先する絶対理念として浸透しているからです。

ただし誤出荷ゼロとは、言うは易く行うは難しの典型です。これを維持するのは、非常に険しく厳しい道のりです。業務が忙しいからあとでやろうと思った、営業から急に依頼されて仕方なく例外的に対処していた、などと言い訳はいくらでもできます。決められたマニュアルを徹底できないケースや、マニュアルを無視して独自のやり方で勝手に作業する従業員などのルール違反は、通常の物流現場においてはまさに日常茶飯事です。このような緩んだ意識の改革は、現場を知らないコンサルティング企業や自社ですら徹底しきれていない物流企業では難しいと思います。

私の会社では「真っ直ぐにする」というフレーズが日常的に使われています。頭のてっぺんからつま先まで、真っ直ぐという意識が体に染みついた組織を私たちは目指しています。常に真っ直ぐになっているからこそ、ちょっとした違和感や小さなアラームを見逃すことなく、現場の異常に敏感に気づけるのです。

少しぐらい曲がっていても、品質には影響がないと、たった一人が考えるだけで、やがてその曲がり方はひどくなり、行きつく先は乱雑な倉庫となります。何より恐ろしいのは、いつしかそれが普通の状態であると受け止めるようになり、そんな乱れた状態を目にしていながら、誰も何も思わなくなってしまう状態に陥ってしまう流れです。物流は組織に流れる血液です。流れによどみが出れば組織は着実に弱くなり、やがて崩壊します。だからこそ私たちは今日も真っ直ぐを徹底しているのです。

おわりに

私たちは長年、あくまでも品質にこだわってきました。独自に若手の優秀なスタッフの育成に懸命に力を入れると同時に、どんな倉庫管理の悩みも解決でき、どんな会社のシステムにも対応してカスタマイズできる独自システムSANTAを自社で開発しました。顧客に常に寄り添う営業担当だけでなく、業界でもほかに例のない物流の匠であるストレージプランナー、さらに倉庫のエキスパートともいえる百戦錬磨の物流SEという精鋭がスタッフとしてそろい、チーム一丸となって顧客の相談と要望に対応してきているのは、本書で詳しく書いたとおりです。

私たちの元に相談に訪れた当初は困り果てていた顧客が、SANTAを導入したことで倉庫を再生させることに見事成功し、これまでに「今まで悩んできた、目の上のタンコブが消えました、ありがとう」「儲かる倉庫になりました」といった感謝の言葉をもらい続けています。

まさにえびす顔となって満足していただいている皆さんと接することができて、本当にうれしい限りです。

しかし、まだまだ倉庫の管理をはじめとしたさまざまな問題に悩む会社も少なくありません。そういった方はぜひ一度、私たちの倉庫見学会に来てみてください。月1回無料で開催しており、これまでに500社以上から2000人が見学に来られました。いまだSANTAのすばらしさと、私たちの誇る物流の匠たち、ストレージプランナーと物流SEといった優秀なスタッフたちのことも世間では知られていませんので、この機会にお越しくださることを願っています。

ECの普及に伴い、物流業界は間違いなく新しいフェーズに入っています。従来とは考え方を一新する必要があるのです。すなわち最先端のECに対応して、誤出荷ゼロ・在庫差異ゼロを実現できれば、これからの物流に対して何も心配する必要はなくなります。

おそらく今後はBtoBにおいても、ロット管理から単品管理が求められるようになると、個人的には考えています。メーカーが特にパーツを発注する際には、必要なものを・必要なときに・必要なだけ求めるというトレンドがやってくると予感しています。だからこそ、DtoCを完璧にこなせる物流システムが整えられていれば最強なのです。そんな体制を整えるために、まずは自社倉庫に足を運び、そこで何か作業してみることです。

私たちは物流品質を大規模な物流ロボットや高価なマテハン機器の導入によって高めているわけではありません。システムのカスタマイズと意識の醸成に加え、文字の大きさからフォントやデザイン、配色に至るまでをきめ細かく解析し、工学的にヒューマンエラーをゼロにする徹底した仕組みを構築しています。

１９６８年の創業以来、徹底的な現場主義と創意工夫を繰り返すなかで、私たちはコツコツと物流品質を磨き上げてきました。なかには失敗に終わった改善案もたくさんありましたが、生物が自然環境に適応し、世代を重ねて飛躍的な進化を遂げるように、私たちも失敗と試行錯誤の数だけ学習し、成長してまいりました。

この経験から導き出した物流品質は、ほかでは決してまねできないと自負しております。本書が物流改革により儲かる倉庫を実現したいと考える経営者の参考になれば幸いです。

2023年8月吉日　山田孝治

山田孝治（やまだ たかはる）

1958年、大阪生まれ。神戸大学工学部卒業後、三井ホームに入社し住宅営業を行う。その後退職し、株式会社三協へ入社。1999年には株式会社三協代表取締役社長に就任し、従来の物流倉庫のスタイルを一掃、社内にシステム室、デザイン室を開設する。

また総合物流の効率化を図るとともに、ECショップ物流に特化したSANKYO-ECを立ち上げる。そのほかSANTAなど物流システムも数々導入し、「物流事故が起きるのは会議室ではなく物流現場。机上の空論ではなく、地に足をつけて取り組む」をモットーとして、物流倉庫の「誤出荷ゼロ」「在庫差異ゼロ」「入出庫遅延ゼロ」を実現させている。

本書についての
ご意見・ご感想はコチラ

EC物流改善メソッド

二〇二三年八月二日　第一刷発行

著　者　山田孝治
発行人　久保田貴幸
発行元　株式会社 幻冬舎メディアコンサルティング
〒一五一-〇〇五一　東京都渋谷区千駄ヶ谷四-九-七
電話　〇三-五四一一-六四四〇（編集）
発売元　株式会社 幻冬舎
〒一五一-〇〇五一　東京都渋谷区千駄ヶ谷四-九-七
電話　〇三-五四一一-六二二二（営業）
印刷・製本　中央精版印刷株式会社
装　丁　弓田和則

検印廃止

Printed in Japan　ISBN 978-4-344-94469-5　C0034
幻冬舎メディアコンサルティングHP　https://www.gentosha-mc.com/